VOLTAIRE

Vie et biographie d'un philosophe, poète et écrivain du XVIIIe siècle

Illustration Couverture

François-Marie Arouet (1694-1778),

dit Voltaire, écrivain et philosophe français du siècle des Lumières,

représenté tenant un exemplaire de La Henriade.

D'après Maurice-Quentin de La Tour

Château de Versailles

ISBN 9782382731932
fernand-lanore.com
contact@editionslanore.com

MORGAN LAZARTIGUES

VOLTAIRE

Vie et biographie d'un philosophe, poète et écrivain du XVIIIe siècle

ÉDITIONS LANORE
François-Xavier Sorlot, éditeur

Introduction

Voltaire, un nom qui parle encore à n'importe lequel de nos contemporains, a traversé les âges, et que l'on soit ou non partisan de sa pensée philosophique, ou de son style littéraire, nous avons tous déjà lu au moins une des lignes écrites de la main de cet homme si particulier.

Il s'est lui-même attribué ce nom, car il est né François-Marie Arouet, fils d'un notaire et conseiller du roi. Le jeune François va côtoyer les plus grands noms de France et va s'élever lui-même à la force de sa plume à un statut des plus élevé.

Mais n'en dévoilons pas plus pour l'heure. Il serait toutefois inutile de faire une énième analyse de ses textes, exercice déjà réalisé à de nombreuses reprises !

Proposons-nous une autre approche, très peu exploitée à nos jours. Retraçons la vie de Voltaire de sa naissance à sa mort, meilleur moyen pour comprendre et aborder cette personnalité complexe.

De l'étude de sa vie, il sera plus aisé, pour celui qui a déjà lu ou souhaite lire ses œuvres, d'en décrypter les messages, d'analyser sa véritable pensée et de donner une entière plénitude à ses idées et à ses objectifs.

Nous ne pénétrerons donc pas les arcanes de ses écrits, mais ceux de sa vie, à la fois calme et aventureuse.

François Arouet clamera à la table du prince de Conti : *« Sommes-nous ici tous princes ou tous poètes ! »*

Voltaire, lui, va manger à la table du roi de Prusse et va prouver que l'on peut devenir un prince-poète. La poésie ne sera pas son seul ouvrage, il est également philosophe en ce siècle que l'on nomme celui des Lumières.

« Le travail est le lot et l'honneur d'un mortel, je m'aperçois tous les jours qu'il est la vie de l'homme, il ramasse les forces de l'âme et rend heureux. »

M. Sherlock disait de lui : *« L'âme de cet homme est extraordinaire : il a voulu être homme de lettres universel, il a voulu être riche, il a voulu être noble, il a réussi à tout. »*

On l'appelle aussi le multiforme. Madame Suard note : *« Il est impossible de décrire le fin de ses yeux, ni les grâces de sa figure ; quel sourire enchanteur ! Il n'y a pas une ride qui ne forme une grâce ! Ah ! Combien je fus surprise quand, à la place de la figure décrépite que je croyais voir, parut cette physionomie pleine de feu et d'expression : quand au lieu d'un vieillard voûté, je vis un homme d'un maintien droit, élevé, noble, quoique abandonné, une marche ferme et leste encore, d'un ton, d'une politesse qui, comme son génie, n'est qu'à lui. »*

Toujours sur les yeux de Voltaire, Madame de Genlis confirme : *« Ils étaient en effet les plus spirituels que j'ai vus, mais ils avaient en même temps quelque chose de velouté, une douceur inexprimable : l'âme de Zaïre était tout entière dans ses yeux là.* »

Il souffrira toute sa vie de maladies aussi réelles que parfois imaginaires, ce qui ne l'empêchera pas de laisser une trace gravée dans le marbre le plus dur et le plus immuable possible. Il sera acclamé dans l'Europe, mais presque tout le temps boudé par la cour de France.

Enfin, quelques lignes ne pourront suffire à résumer l'homme si complexe qu'est Voltaire. Ainsi, n'attendons plus, levons le rideau pour le premier acte de sa vie.

CHAPITRE I

François-Marie Arouet

Un comédien de talent se doit de faire une belle entrée en scène. C'est ce que fit François-Marie Arouet (nous ne l'appellerons Voltaire qu'en temps voulu) dès le jour de sa naissance :

— « *Je suis né tué.* »

En effet, le nourrisson qui venait de naître, en ce mois de novembre 1694, est tout d'abord donné pour mort. Bien que ce ne soit pas le cas, l'on ne donne pas à l'enfant quelques heures à vivre tant il est chétif. François jouera la comédie toute sa vie, il ne s'agit là que du premier acte. D'ailleurs, il s'amusera également à entourer sa naissance d'une auréole de mystère, allant parfois jusqu'à prétendre être né un an plus tôt.

Il est le fils d'un conseiller du roi, notaire, issu d'une lignée de gens sans histoires qui se sont attelés à leur étude et à l'avancement de la famille avec le plus grand sérieux. Aucune anecdote croustillante n'est à relever sur la famille Arouet. François n'est pas fils unique, il a un grand frère, Armand, qui se révèle être son total opposé. Illustrons cette opposition par une phrase émanant directement du papa :

— *« J'ai deux fils fous : l'un d'impiété, l'autre de dévotion. »*

Le « fou » de dévotion c'est Armand, et une haine profonde et viscérale ne cessera d'exister entre les deux frères. Afin de caractériser l'antagonisme, notons qu'Armand est un fervent fidèle de l'église Janséniste, ce qui explique pourquoi son père l'appelait le « fou » de dévotion. Tâchons de comprendre pourquoi son père appelait François, le « fou » d'impiété en précisant tout de même que si François est l'antagonisme même de la famille, il aimera cependant sincèrement l'une de ses sœurs, Marguerite-Catherine.

Le jeune François ne connaîtra pas longtemps l'amour maternel. Sa mère décédera lorsqu'il sera âgé de sept ans, laissant François au sein d'une famille dans laquelle il ne cessera de se sentir étranger.

De fait, il se montre très précoce, vif d'esprit, impertinent, cela dès son plus jeune âge et même en société. Il se passionne pour les mots, notamment les vers et la poésie, ce qui est bien contraire à l'austérité des Arouet.

Pour l'heure, François est un enfant, et même si son comportement inquiète quelque peu son père, il n'y a pas non plus de quoi tirer la sonnette d'alarme. À l'âge de dix ans, il entre à Louis le Grand chez les Jésuites pour parfaire son éducation. Même si la famille a désormais acquis ses honneurs, il n'est cependant pas un grand seigneur et sera donc sous le régime de pension intermédiaire, entre le régime commun et celui des grands noms. Il sera placé sous l'autorité de l'abbé d'Olivet, préfet.

Il est toujours très chétif, un mal qui ne le quittera d'ailleurs jamais. Mais prêtons-nous à l'exercice de relever quelques anecdotes (vraisemblables ou non) sur le jeune écolier.

Grelottant de par sa chétivité excessive, François aurait bousculé un élève installé près du poêle afin d'y quérir un peu de chaleur. François y va même de sa plus belle menace :

— *« Range-toi, ou je t'envoie chez Pluton. »*

L'enfant répond naïvement :

— *« Pourquoi pas en enfer, il y fait plus chaud. »*

La perspicacité juvénile de François lui fait répondre :

— *« Bah ! l'un n'est pas plus sûr que l'autre. »*

Une autre fois, François aurait caché le verre d'un de ses camarades qui le somme de le lui rendre en argumentant que dans le cas contraire il n'irait pas au ciel. Et François de répondre :

— *« Le ciel ? Que dit-il avec son ciel ? Le ciel, c'est le grand dortoir du monde. »*

Ce genre de rhétorique dans un institut Jésuite vaudra à François quelques remontrances. Relevons cette altercation avec le père Lejay, dont la phrase lâchée sera à caractère prophétique. Tout en secouant François, le père Lejay aurait dit :

— *« Malheureux enfant ! Tu seras un jour l'étendard du déisme en France ! »*

Le confesseur de François notera également : « *Cet enfant est dévoré de la soif de la célébrité.* » Avec ses autres camarades, François n'hésitera pas à « persécuter » ses maîtres les plus faibles d'esprit. La sanction encore en vigueur à cette époque étant les coups de verges, il subira ce régime.

C'est à Louis le Grand que François va se nouer d'amitié avec de grands noms et avec des amis qu'il gardera sa vie durant, notamment, les frères d'Argenson, le duc de Fronsac, Armand de Richelieu avec lequel une amitié solide se lie, Fyot de la Marche et d'autres.

C'est un élève excellemment doué, qui obtient de très bons résultats et a le goût de l'étude. D'ailleurs, le futur Voltaire sera toujours très reconnaissant envers ses anciens professeurs, dont il fera l'éloge. Durant ses récréations, il préfère souvent discuter avec ses maîtres que jouer, et s'intéresse notamment à l'histoire contemporaine.

À l'âge de douze ans, un professeur lui confisque sa tabatière, à l'époque, remède hypothétique contre le rhume. Afin de la récupérer, il doit adresser sa demande en vers.

Admirons le résultat :

Adieu, ma pauvre tabatière !
Adieu, je ne te verrai plus.
Ni soins, ni larmes, ni prières
Ne te rendront à moi, mes efforts sont perdus.
Adieu, ma pauvre tabatière !
Qu'on oppose entre nous une forte barrière !

Me demander des vers ! Hélas ! je n'en puis plus !
Adieu, ma pauvre tabatière !
Adieu, je ne te verrai plus.

Notons que malgré son jeune âge, il se fait remarquer pour la qualité de ses vers. Il sera notamment complimenté par le poète Jean-Baptiste Rousseau.

François brille par son intelligence, sa grâce, ses manières distinguées de courtisan et son esprit des plus vifs. Il se veut et se reconnaît chez les grands seigneurs, sa naissance et sa famille d'origine ne sont qu'une erreur, sa place est chez les grands ! Cependant, il n'en est pas réellement un, car il lui manque un grand nom et une prestigieuse lignée, qu'il ne pourra jamais obtenir. Pour atteindre son objectif, il devra se couronner lui-même, conquérir sa propre renommée, se créer lui-même un titre et un nom. Il sera un prince-poète. C'est durant ces années qu'il va se mettre à fréquenter un entourage dit « libertin » et participer à des soupers de libres-penseurs en compagnie de son mentor, l'abbé de Châteauneuf. Curieux contraste entre les pères Jésuites et cette autre compagnie moins compassée.

François clame à ses seize ans qu'il sera un homme de lettres. La réponse de son père est cinglante :

— *« C'est l'état d'un homme qui veut être inutile à la société, à charge à ses parents et qui veut mourir de faim. »*

Il suit cependant les cours de l'École de Droit, mais le langage y est tout autre que la belle, la minutieuse, la douce littérature et François est horrifié ! De plus, il déplore les manières des professeurs et des élèves ainsi que leur saleté. Il appelle d'ailleurs le local d'étude « la grange » ! N'oublions pas que Monsieur François se veut être un prince-poète et qu'il est habitué à une société beaucoup plus raffinée. En parallèle, il est missionné pour corriger les vers d'une duchesse. L'exercice étant bien plus à son goût, il obtient cent livres comme récompense. François, se voulant seigneur, va agir comme un seigneur et dépenser la somme dans l'achat d'un vieux carrosse. Il loue l'équipage et le laquais puis roule dans Paris. Le soir venu, il range son investissement chez son père. Cependant, les chevaux du fils ennuient ceux du père, et le matin même, l'écurie est saccagée ! Monsieur Arouet, père, s'informe de la situation et, en proie à une colère noire, chasse son fils de chez lui. De fait, soulignons que François avait pour fâcheuse habitude de rentrer tard la nuit et ne dînait presque plus au domicile.

Est-il vrai que François passa sa première nuit d'exclusion sur une chaise que le concierge du Palais, à qui il avait demandé asile, lui avait désignée pour la nuit, et qu'au petit matin, il fut moqué par les passants ?

Malgré cela, Monsieur Arouet est prêt à acheter une place au Parlement pour François. Il faut à tout prix que ce jeune dévergondé rentre dans les rangs et ne fasse pas de vagues dans la famille. Le jeune prince-poète refuse catégoriquement :

— *« Dites à mon père que je ne veux point d'une considération qui s'achète. Je saurai m'en faire une qui ne coûte rien. »*

Pour répondre ainsi à une telle proposition, il faut que François fasse ses preuves. Il doit non pas rester dans l'ombre de sa plume, il doit briller. L'on pourrait qualifier sa rhétorique d'insolence enfantine, charge à lui de démontrer le contraire. Pour l'heure, il s'entraîne, il travaille, lit, écoute et parle dans les salons. Il y apprend l'art de la comédie, car un salon de cette époque est un véritable théâtre. Il s'est d'ailleurs fixé un premier objectif et non des moindres : il veut surpasser Corneille et reprendre sa tragédie, Œdipe.

Son père ne désespère pourtant pas et continue à ficeler des projets pour son fils « rebelle ». Un voyage à Caen, destiné à l'éloigner de Paris, ne sert à rien, car François y fait la même chose, fréquente les meilleurs endroits et se fait la plus raffinée des compagnies. Il se fera pourtant fermer la porte d'un des plus beaux salons, celui de Madame d'Osseville, cette dernière ayant appris que François fait des vers libertins dans d'autres salons.

En 1713, il revient à Paris où son père lui a préparé une nouvelle surprise. Monsieur Arouet a contacté un de ses vieux amis, le marquis de Châteauneuf, ambassadeur à La Haye. François est prié de faire ses valises et de partir rejoindre le marquis, charge à ce dernier d'en faire ce qu'il veut tant que le poste est convenable (secrétaire, conseiller, page).

François est irrécupérable ! Il va se nouer d'amitié avec la société des réfugiés français (protestants ou réfugiés politiques) et va être à l'origine d'un autre scandale. Au sein de cette société, il va rencontrer Madame Dunoyer qui écrit des libelles contre la France. Ce n'est pas à cette dame que François s'intéresse, mais à l'une de ses filles, Olympe, dite Pimpette. Ce sera le début des romances de François. Madame Dunoyer souhaite marier ses filles avantageusement comme il est de coutume à l'époque, mais François va vite réussir à séduire et à obtenir les faveurs de la jeune Pimpette. Madame Dunoyer accepte mal la situation, bien qu'elle-même sujette à reproches dans ce domaine, et va se plaindre au marquis de Châteauneuf en arguant qu'un français travaillant à l'ambassade a déshonoré sa fille protestante.

L'ambassadeur est très ennuyé par la situation, et craint le scandale. Ajoutons que le père de Pimpette, resté en France, réclame son retour et promet en échange sa conversion au catholicisme ainsi que celle de sa fille. Une très belle opération en perspective pour la cour de France, qui pourrait être réduite à néant par cet « incident ».

Le marquis de Châteauneuf ne tergiverse pas, François est renvoyé chez son père. Toutes ses suppliques sont inutiles. François n'en restera pourtant pas là, et va persister dans son scandale. Il écrit à Pimpette et l'invite à le suivre, et il ira demander sa main à son père. Consumé par la passion, il est prêt à renverser son destin sur un coup de cœur foudroyant. Il réussit à faire passer la lettre par un valet déguisé qui l'apporte à Pimpette. L'histoire est aussi pittoresque que rocambolesque ! Le départ de François est retardé, une correspondance se met en place, et Pimpette va même réussir à voir François. Ce dernier lui a fait parvenir des vêtements d'homme afin qu'elle puisse se déguiser et accéder à l'hôtel où il est consigné.

Il va cependant devoir partir, et laisse l'adresse de son père à Pimpette. La jeune fille, folle d'amour, ne peut se résoudre à voir son amant rentrer à Paris, et veut aller elle-même supplier l'ambassadeur. Par stratégie, François s'y oppose, mais sa jeune amoureuse en tombe malade. Toutes les tendres lettres n'y feront rien. François est certes amoureux, mais reste lucide. Il faut attendre son retour à Paris pour entamer un projet de retrouvailles sérieux et cohérent.

De fait, il a un plan assez curieux au regard de son profil. Arrivé à Paris, il se rapproche du père Tournemine afin de solliciter ses bons services. Il utilise même l'argument religieux pour arriver à ses fins. François garde une correspondance avec Pimpette et lui fait part de ses démarches. D'un caractère passionné, comme nous le verrons par la suite, il doit avoir ce qu'il désire immédiatement, sans tenir compte des conséquences et des moyens. Mais François a négligé la réaction de son père à la réception de la lettre du marquis de Chateauneuf! Monsieur Arouet est pris d'une telle colère qu'il va même jusqu'à demander une lettre de cachet contre son propre fils. Les amis de François doivent le cacher, mais il n'en rêve pas moins de Pimpette à qui il trouve un refuge dans un couvent duquel il l'enlèvera dès que possible.

Ce n'est pas une tragédie grecque jouée au théâtre, mais celle, bien réelle, de François et de Pimpette. Il menace même de mettre fin à ses jours si elle décide de rester en Hollande et tente par tous les moyens de calmer son père. Il se confond en excuses et en promesses de repentir, il joue si bien la comédie que son père lui pardonne à une seule condition : celle de devenir notaire. Il accepte, car cela lui permet de continuer à écrire à Pimpette et de versifier à Paris !

Par amour, François accepte le sort qu'il voulait fuir à jamais, celui de devenir un véritable Arouet. Ainsi, il entre à l'étude de maître Alain. Chez certaines personnes, la passion s'enflamme tel le feu brûlant de l'enfer, mais se refroidit au point de devenir un lac gelé. Ce sera le cas de Pimpette, sa mère lui présentera un autre jeune homme, elle va s'enquérir de lui et François va devenir un vieux spectre du passé. Il en sera vivement touché, une première peine de cœur. Cependant, il est désormais libre et va pouvoir se consacrer à tout autre chose qui lui tient bien plus à cœur.

CHAPITRE II

Voltaire en devenir

François tient parole et s'enterre dans l'étude notariale. Il s'ennuie plus qu'un rocher perdu au milieu d'un désert, mais il y apprend l'art de mener rondement des affaires. Il s'y fait un nouvel ami que nous croiserons de nombreuses fois, Thiériot, également clerc de notaire. Ce dernier partage les mêmes passions que François. On se doute bien qu'il ne se serait pas pris d'amitié pour un notaire passionné de son étude !

Malgré son travail, qu'il juge lassant et sans valeur pour lui, il n'oublie pas son rêve de devenir un prince-poète. Il présente son texte *Ode à la Vierge* à un concours de l'Académie. Première déception de ce côté, il n'obtient pas le prix. Le prince-poète est touché au vif. Le gagnant, l'abbé Dujarry, va recevoir ses foudres : « *C'est un de ces poètes de profession qu'on rencontre partout et qu'on ne voudrait voir nulle part. Il est parasite, il paie dans un bon repas son écot par de mauvais vers.* »

Nous commençons à voir le caractère du futur Voltaire qui, à la moindre contrainte, s'emporte et se venge. Seuls certains, dont nous parlerons, seront épargnés. En 1714, sa vengeance n'étant pas assez assouvie, il sort un poème nommé *Le Bourbier* dans lequel tous ses ennemis sont mis à mal. Ce premier scandale littéraire équivaut à un premier succès. François écrit d'autres poèmes, non plus par souci de vengeance, mais pour essayer de briller. Son père, à nouveau fou de rage, veut une fois de plus le faire enfermer. Il faudra compter sur Monsieur de Caumartin qui demandera à Monsieur Arouet de lui confier son fils. Las de toute espérance, le vieux notaire accepte, dans la mesure où on le débarrasse de François !

Il sera logé au château de Saint-Ange à côté de Fontainebleau, un décor qui lui convient bien mieux. Monsieur de Caumartin est un lettré extrêmement cultivé. Octogénaire, il a l'expérience de la vie et fut notamment conseiller d'État et intendant des finances. C'est un homme du « Grand Siècle », qui va pouvoir conter à François ce qu'était Versailles du temps où il y demeurait. C'est sûrement de là que naquit le projet d'un livre qui verra le jour en 1751 : *« Le siècle de Louis XIV »*.

L'exil forcé du jeune François ne va pas s'éterniser. Le voilà de retour à Paris ! Nous ne l'avons que sous-entendu en parlant d'*Œdipe*, mais François est également passionné par le théâtre. Il fait sa cour à une grande sociétaire de la Comédie-Française, traîne fréquemment dans les coulisses, et cherche à placer sa fameuse pièce. Né pour la comédie, faute de jouer sur scène, il joue dans l'ombre, courtise, flatte, calomnie, et met tout son talent de comédien pour que son *Œdipe* soit jouée ! Mais si François fréquente des débauchés, s'entoure d'une société, disons « légère », et cautionne l'idée d'une certaine libéralisation des mœurs (avec une certaine mesure et élégance), il n'en a pas les manières. Ce n'est ni un rustre ni un vulgaire. Il joue sur ce terrain, mais avec des gants blancs et passe plutôt pour un seigneur bien élevé. En clair, il n'est pas à confondre avec son entourage. François est élégant, maniéré, extrêmement poli et loin de la débauche de bas étage. Notons également que son irréligion commence à se faire sentir, ce qui ne signifie pas pour autant qu'il est athée. La phrase de l'abbé, au chapitre précédent, est-elle vraiment prophétique : *« Malheureux enfant ! Tu seras un jour l'étendard du déisme en France ! »* ? Qu'importe ! En tout cas, il profite de cette ambiance littéraire pour lire, relire et corriger son *Œdipe*.

Il sera même reçu par la duchesse du Maine, mariée à Louis-Auguste de Bourbon, fils naturel légitimé de Louis XIV. François brille par ses vers, ses lectures et ses manières.

Faisons un aparté qui sera essentiel pour la suite du récit. Le roi est mort ! Louis le quatorzième vient de s'éteindre en cet an de grâce 1715. Son héritier, Louis le quinzième, est bien trop jeune pour régner, il faut mettre en place une Régence. Dans son testament, Louis XIV avait nommé son fils légitimé, Louis-Auguste de Bourbon, régent du royaume. Le duc d'Orléans réussira à faire casser le testament et obtenir la régence à son profit, se considérant prince de sang légitime et par conséquent ayant plus de droits que Louis-Auguste, et cela malgré le testament du roi Louis XIV.

Est-ce sous l'influence de la duchesse du Maine ou par envie de scandale ? François est accusé d'écrire des vers contre le régent, le duc d'Orléans. Ce dernier, soupçonné d'inceste avec sa propre fille, est une cible facile pour les pamphlets. François nie totalement être l'auteur. Malgré certains témoignages, il se défend ainsi :

— *« Ces vers ne peuvent être de moi, ils sont trop mauvais. On peut m'accuser de tout, mais non d'être mauvais écrivain. »*

Soupçonné, mais non reconnu coupable, il ne sera pas enfermé, mais exilé à Tulle. Qu'y a-t-il à Tulle pour François ? Fichtre rien ! Son père en prend pitié et réussit à commuter Tulle par Sully-sur-Loire en arguant : *« Nous avons des parents pour le surveiller. »*

Il s'installe donc chez son ami le jeune duc de Sully, et s'y trouve parfaitement chez lui, avec une agréable société férue de poésie, de théâtre et de ballets. Il tente d'écrire au régent afin d'obtenir sa grâce. Il sera effectivement pardonné, rappelé à Paris, et présenté au régent pour lui présenter ses remerciements. Il quitte le foyer paternel et s'installe rue Calandre « Au Panier Vert ». Instable, il ne reste pas en place, et retourne quelque temps au château de Saint-Ange. A-t-il renouvelé l'expérience d'un écrit contre le régent ? C'est probable, mais non prouvé. Pour l'heure, le régent ne lui en tient pas rigueur. François a un défaut, il parle beaucoup. Certes, il parle merveilleusement bien, mais il n'est pas discret. Ainsi, sa haine contre le régent est connue sur la place publique. Un poème intitulé *J'ai vu* est intercepté par la police. Dans ce texte sont dénoncés tous les abus et les scandales de la régence avec pour conclusion : *« J'ai vu ces maux et je n'ai pas vingt ans. »* Est-ce François Arouet qui n'est pas rentré dans le « droit chemin » et qui continue ses écrits ? Il semble vraisemblable que ce texte ne soit pas de lui, mais ses ennemis cherchent à le lui attribuer, parfois même ses amis, cherchant à asseoir sa notoriété.

Il est convoqué par le régent qui lui dit :

— *« M. Arouet, je gage de vous faire voir une chose que vous n'avez jamais vue ? »*

François répond :

— *« Laquelle, Monseigneur ? »*

La réponse est cinglante :

— *« La Bastille ! »*

Il va tenter de se tirer du piège en rétorquant :

— *« Ah ! Monseigneur, tenez-la pour déjà vue. »*

François est incarcéré à la Bastille en mai 1717. Après avoir un peu crié, il se laisse conduire sans résistance. Le poème *J'ai vu* est-il l'unique raison de son incarcération ? Il faut ici relever d'autres éléments. Un autre poème bien plus vindicatif est paru, il s'intitule *Puero regnante* et comme François ne fait pas mystère de son mépris du régent, un rapport de police l'accuse d'en être l'auteur ! Le dénonciateur est un capitaine nommé Beauregard avec lequel François avait sympathisé dans un café. Beauregard, en réalité, espionnait François et le faisait parler, ce qui n'est pas très compliqué au regard de ce que nous avons déjà démontré sur sa personnalité. Il se serait même attribué le *J'ai vu* car son interlocuteur le trouvait excellent. Il aurait également prononcé devant Beauregard, qui l'avait questionné sur le motif de sa colère contre le régent, la phrase suivante :

— « *Comment ! Vous ne savez pas ce que ce b… m'a fait ? Il m'a exilé parce que j'avais fait voir en public que sa Messaline (sa fille) était une p…* »

Mais avant de revenir à la Bastille, relatons ici une nouvelle déception amoureuse qui, cette fois, fera également figure de trahison. Il s'agit de Suzanne de Livry, rencontrée à Sully et qui a suivi François à Paris. Les deux jeunes gens s'aiment profondément et partagent la même passion dévorante du théâtre. À Paris, les accompagne souvent, Génonville, un ami de François. Ce qui devait arriver arriva, Suzanne ne saura pas lequel des deux amis choisir, elle ne tranchera nullement et volera aux bras de l'un et de l'autre. François, n'étant pas au courant du manège, découvrira sa Suzanne dans les bras de son ami. Il s'emporte et se lance dans les pires calomnies, mais comme il accorde beaucoup de valeur à l'amitié, il va pardonner à son ami et, par la même occasion, se rendre compte qu'il préfère l'amitié de Génonville à l'amour éphémère de Suzanne. On sera surpris, tout au long du récit, de sa tolérance envers ses amis, ce qui ne l'empêche pas de souffrir de sa deuxième peine de cœur !

Revenons à l'embastillement de François. Lorsqu'on lui demande où sont ses papiers, il répond qu'ils sont tous aux latrines. Une fouille minutieuse révèlera que c'est une fable, cependant une anecdote assez comique est à relever. Durant les recherches, la fosse de la cave est crevée, ce qui coûtera un procès de la propriétaire au roi, procès gagné par cette dernière. Voilà de quoi réconforter Voltaire au fond de sa geôle. Il y croupit, dépouillé de presque tout. Il arrive cependant à noyer sa solitude et son dépouillement en lisant et en écrivant dans les marges des quelques livres à sa disposition. Il y prépare l'ébauche d'un de ses poèmes à succès, que nous verrons bientôt, *La Henriade*.

On le fustige mal à Paris, mais au moins on parle de lui, signe d'un début de célébrité. Onze mois après son incarcération, il est libéré le 11 avril 1718. Avant de retrouver sa pleine liberté, il est exilé à Châtenay dans la maison de campagne de son père où il multiplie les démarches envers le régent et le ministre pour clamer son innocence.

Le baron de Breteuil réussira à plaider sa cause : François obtient le droit d'aller huit jours à Paris, puis un mois, puis un autre jusqu'à obtenir la levée totale sans condition de son exil.

Il va réussir, à force de courtoisies, à imposer son *Œdipe*, mais il faut convaincre les comédiens qui demandent des retouches importantes. François n'est pas encore Voltaire. Il débute et accepte de se plier à leurs exigences. *Œdipe* sera jouée le 18 novembre 1718 et obtient un premier succès, bien que relatif, car la pièce fait scandale, une situation qui commence à être la marque de fabrique de François. On interprète certains vers comme une réjouissance de la mort de Louis XIV, quand d'autres sont une flèche tirée en plein cœur du clergé. François est comme un poisson dans l'eau! À la fin de la représentation, il est applaudi, et se pavane sur scène. Il est même félicité par le prince de Conti ainsi que le poète Jean-Baptiste Rousseau. Il y aura au total quarante-cinq représentations. On relève autant de critiques que de louanges, mais François a réussi, il est devenu un auteur.

Il va également commencer à fréquenter le baron Goetz qui se prétend envoyé par Charles XII, roi de Suède. Il commence, ainsi, à s'intéresser à la politique et en profite pour préparer un livre qui sortira sous le nom de Voltaire, *l'Histoire de Charles XII*.

Il veut briller partout. Le matricule de poète ou d'auteur ne lui suffit pas, il rêve d'être un grand de ce monde. Ses fréquentations sont, cependant, très peu appréciées par le régent. Mais François est un courtisan né! Nous savons qu'il n'apprécie guère le régent, il va cependant lui envoyer un poème intitulé *La Bastille*, où il n'y a aucune trace de rancune, bien au contraire! Le poème est apprécié et le régent convoque François. Ce dernier va même se permettre une boutade :

— *« Monseigneur, je trouverais fort bien si Sa Majesté voulait désormais se charger de ma nourriture, mais je supplie Votre Altesse de ne plus se charger de mon logement. »*

L'allusion à la nourriture s'explique par le fait que le régent offre une pension à François pour son *Œdipe*. Nous passons d'une disgrâce complète à un retour des faveurs! Précisons que si *Œdipe* est certes un succès, la pension est plutôt attribuée pour calmer les ardeurs de

François et se l'attacher à la cour. Il est également gratifié d'une belle médaille en or.

Nous arrivons au premier tournant de notre histoire, François souhaite dédicacer son *Œdipe*, mais nous avons compris qu'il ne souhaite pas signer « François Arouet ». Ainsi, il signera pour la première fois : « Arouet de Voltaire ». Il s'explique ainsi : *« Ne t'étonne pas, ma chère, de ce changement de nom, j'ai été si malheureux avec l'autre que je veux voir si celui-ci m'apportera le bonheur. »*

Bientôt le nom Arouet ne subsistera plus, laissant à l'histoire un seul nom qui résonne encore aujourd'hui : Voltaire !

CHAPITRE III

Les débuts de Voltaire

Nous ne l'appellerons donc plus François, ou très peu, mais Voltaire. Nous ne sommes qu'au début de ses aventures. Il n'est pas encore arrivé à son apogée, il en est loin, et il faut vivre ! Par logique, pour vivre il faut de l'argent et Voltaire ne fréquente que la société la plus riche. Pour s'en procurer, il se lance dans les affaires, devient entremetteur, et intercède entre les financiers et les gens du monde. Cela rapporte, mais ne lui suffit pas, il veut avoir un titre et une charge.

Il fréquente, certes, une société haut placée, mais, pour l'heure, il ne décolle pas encore. Durant cette période, il connaîtra une autre déception amoureuse ! Sur ce point, le nom de Voltaire ne lui porte pas plus de chance qu'Arouet. Il se dit guéri à vie de l'amour. Il n'a que vingt-quatre ans : « *Vous me faites sentir que l'amitié est d'un prix plus estimable mille fois que l'amour. Je trouve qu'il y a en moi du ridicule à aimer et j'en trouverais davantage encore dans celles qui m'aimeraient. Voilà qui est fait, j'y renonce pour la vie.* »

Nous verrons s'il dit vrai ! Pour le moment, il a si bien pardonné à mademoiselle de Livry qu'il lui apporte son assistance à la Comédie Française. Voltaire est maintenant là-bas chez lui. Mademoiselle de Livry, en revanche, est une piètre comédienne. Malgré les efforts de Voltaire pour la faire accepter, elle sera sifflée et moquée autant par le public que par ses collègues, notamment par un dénommé « Poisson » qui va attirer les foudres de Voltaire. Poisson ne laissera pas passer l'affront, il défie en duel Voltaire qui s'y refuse. Pour lui, Poisson n'est qu'un manant ! Il demande la protection de l'intendant de police lorsqu'il entend parler d'une menace de coups de bâtons. Voltaire se veut malin. Tandis qu'il se positionne comme victime, il engage deux hommes de main et organise un traquenard. Poisson ne se laissera pas prendre et va déposer plainte. Voltaire sollicite alors ses amis pour faire arrêter Poisson. Ces derniers ne bougeront pas, jugeant le coup de Voltaire peu glorieux. Voltaire modifie sa version pour se donner meilleure allure, et clame qu'il attendait Poisson, armé de deux pistolets, pour en finir avec lui ! Juridiquement, c'est pire ! Grâce à ses amitiés, il va cependant s'en tirer avec les honneurs. Il est convenu que Poisson sera arrêté puis enfermé, mais sitôt fait, Voltaire écrira au ministre pour demander sa libération et la clôture de l'affaire.

Voltaire ne cesse de créer des scandales. Ainsi, lorsqu'un nouveau libelle[1] intitulé *« Philippiques »* sort, le régent soupçonne immédiatement Voltaire qui n'en est pas l'auteur. On lui fera cependant comprendre qu'il est temps qu'il aille prendre l'air hors de Paris, ce qui équivaut à un nouvel exil. Cela ne l'empêche nullement de travailler. Il écrit sa seconde tragédie, *Artémire*, qui, cette fois, sera une désillusion et un échec complet. La pièce est sifflée le 15 février 1720. Voltaire se lève de sa loge, affronte le public, réussit à retourner l'ambiance et à se faire applaudir. La pièce, quant à elle, est morte !

Son innocence concernant le libelle est prouvée. Il peut donc sortir de son exil et demande même la permission au régent de lui lire son poème écrit à la Bastille, *La ligue*, qui sera connu plus tard sous le titre, *La Henriade*. Tandis qu'il coule des jours tranquilles au château de son ami Richelieu, ainsi qu'en d'autres demeures, il missionne Thièriot de faire recopier et diffuser *La Henriade* dans tous les milieux instruits. Le nom Voltaire est partout dans la capitale, car le poème peut créer scandale. Poème qui aurait pu mourir à cause de la susceptibilité de son auteur. Lorsque monsieur de La Faye s'aventure à en faire une critique, Voltaire se met hors de lui et jette le manuscrit dans la cheminée. Il faudra l'intervention du président Hénault qui se jette dans les flammes pour sauver les feuilles.

---

1 - Libelle : court écrit satirique, diffamatoire.

Il faut que nous nous arrêtions sur un autre scandale. Voltaire a été parfaitement informé du rôle de Beauregard lors de son incarcération à la Bastille. Il se retrouve en 1720 en face de son détracteur lors d'une rencontre fortuite, s'emporte et le traite de tous les noms d'oiseaux. Ce dernier sait se tenir et promet de lui rendre la pareille en d'autres circonstances, car l'altercation se passe à Versailles. Voltaire est un sensible, ce qui est souvent synonyme de nervosité. Beauregard est un intime du ministre de la guerre. Il va faire jouer ses relations et demander à ce que Voltaire disparaisse pour de bon. Voltaire est attaqué dans sa voiture sur le pont de Sèvres. Il est roué de coups de bâtons et reçoit un coup de poignard au visage. L'affaire est cependant manquée, car Voltaire est en vie et va hurler dans tout Paris pour dénoncer la tentative d'assassinat. Il se démène de toute sa haine et sollicite toutes les actions possibles en justice. Beauregard trouve refuge dans son régiment, loin de Paris, car Voltaire pense même à affronter Beauregard en duel si la justice ne fait pas son travail. Sur ce point, son ami d'Argenson dresse un portrait très dur : *« Il a dans l'âme un courage digne de Turenne, mais il craint les moindres dangers pour son corps et est poltron avéré. »*

C'est assez difficile à avaler, Voltaire n'est certes pas un guerrier, mais il est fort capable de se battre par colère et par haine. Il faudra cependant quelques années et la disgrâce du ministre de la guerre pour que Beauregard soit enfermé.

Nous avons vu que Voltaire fréquente les financiers. En l'an de grâce 1721 survient l'affaire Law. Ce dernier souhaite remplacer la monnaie métallique par de la monnaie papier. Voltaire démontre déjà de grandes aptitudes au jeu de la finance, car il ne se laisse pas avoir par la spéculation : *« Êtes-vous réellement devenus tous fous à Paris ? Je n'entends plus parler que de millions, on dit que tout ce qui était à son aise est dans la misère et que tout ce qui était dans la mendicité est dans l'opulence. Est-ce une réalité ? Est-ce une chimère ? La moitié de la nation a-t-elle trouvé la pierre philosophale dans les moulins à papier ? Law est-il un dieu, un charlatan, un fripon qui s'empoisonne de la drogue qu'il distribue à tout le monde ? Se contente-t-on de richesses imaginaires ?* [...] *Pour moi, je ne me livre à d'autres chimères qu'à celles de la poésie. »*

Il a raison, car toute cette folie se soldera par l'effondrement de la valeur des billets. Voltaire n'est pas tombé dans le piège de la bêtise populaire.

Monsieur Arouet décède le 1er janvier 1722. Nous savons à quel point les relations sont tendues entre Voltaire et son frère. La succession sera un carnage. Armand est favorisé, car il est l'aîné. Voltaire tente un procès, mais il sera perdu. Monsieur Arouet a, de plus, un peu maltraité Voltaire dans son testament. Armand a récupéré la charge de son père, ce qui est un morceau de choix et Voltaire est le plus délaissé.

Il n'est cependant pas à plaindre, car, en 1724, on peut estimer sa fortune à environ six mille cinq cents francs de rentes, sans compter les droits d'auteur de sa tragédie dont il laisse la plus belle part aux comédiens.

Nous allons aborder pour la première fois un trait caractéristique que nous rencontrerons à de multiples reprises. Nous savons que Voltaire est chétif. Il en jouera autant qu'il en pâtira. Lorsqu'il ne veut pas faire quelque chose, il se cache derrière la maladie et clame à qui veut l'entendre qu'il est mourant. C'est ce qu'il fait pour ne pas aller à Villars à la demande du maréchal, car cette société est, pour lui, une perte de temps. Il ne mourra évidemment pas, puisque dans les mêmes périodes nous le trouvons en train de courtiser le ministre Dubois, un cardinal. Voltaire s'est acoquiné avec un espion de sinistre réputation, agent double ou triple. Éperdu d'ambition, Voltaire se rêve espion et d'influer sur les grandes affaires européennes. Le ministre ne fera aucun cas de Voltaire, et il lui faudra trouver un autre moyen pour mettre un pied à la cour de France.

En attendant, il voyage pour faire connaître sa *Henriade*. Il compte rendre visite à Rousseau à Bruxelles. Il y aura des conflits entre les deux poètes, mais, pour l'heure, Jean-Baptiste Rousseau reçoit admirablement bien Voltaire. Il racontera tout le contraire des années plus tard et accusera Voltaire de plusieurs mauvaises actions, mais il semble plutôt que ce soit des racontars alimentés par la colère. La cause de cette brouille vient probablement du fait que Voltaire n'aurait pas rendu hommage au vieux poète déclinant qui pourtant avait fait son éloge et s'attendait à un coup d'encensoir et ne reçut que des petites piques bien placées.

Voltaire voyage dans différents châteaux de France avec sa *Henriade* sous le bras. Il décide de l'imprimer, mais ne choisit pas le système classique d'édition. Il souhaite imprimer et vendre lui-même à ses frais par souscription en tirage limité. Il s'attelle à placer le plus de souscriptions possible en arguant qu'il a déjà l'accord du roi pour faire imprimer. Voltaire va tomber de haut, car le livre est marqué par la censure et il doit le faire imprimer clandestinement à Rouen.

Faisons un court aparté sur le caractère du jeune Voltaire. Il ne souffre pas la présence d'un autre homme d'esprit sur son territoire. Lorsqu'il est dans un château ou une maison, c'est lui et lui seul qui doit être à l'honneur. Lorsqu'il logera chez Madame de Mimeure et qu'un dénommé Piron viendra le visiter, l'accueil sera glacial. Voltaire n'accueille Piron qu'avec un signe de tête sans parler ni même répondre.

Cela à part, Voltaire surveille l'impression de la *Henriade*, il écrit une autre tragédie, *Mariamne*, et se soigne d'un mal de poitrine. Nous ne le soulignerons pas à chaque fois, mais Voltaire enchaîne les conquêtes féminines lors de ses voyages.

En 1723, son ami Génonville meurt de la petite vérole, et Voltaire en éprouve un profond chagrin. L'épidémie n'épargnera pas Voltaire, qui est atteint du même mal, tandis qu'il loge chez son ami le président de Maisons. Voltaire va frôler de si près la mort, qu'il va même se confesser et faire son testament. Thiériot va s'installer dans la chambre de son ami malgré le risque de contagion ! En novembre 1723, Voltaire se sent mieux, et salue le médecin en lui disant :

— *« Si vous aviez soigné Génonville, il serait encore vivant ! »*

Le destin ne frappe pas qu'une seule fois. À peine parti de chez son ami de Maisons, il apprend qu'une partie du plancher de sa chambre a pris feu et que l'incendie s'est propagé. S'il était resté sur place, il serait mort. Il n'est pas responsable de l'incendie, mais se rend malade d'en être la cause, car il est dû à une poutre qui s'est consumée lors de sa maladie quand il fallait chauffer énormément la chambre : *« La fièvre me reprit tout aussitôt et je vous assure qu'en ce moment je sais mauvais gré à M. Gervasi de m'avoir sauvé la vie. »*

L'heure de la *Henriade* a sonné, elle circule clandestinement dans Paris. Piron fait sa cour à Voltaire malgré un premier accueil extrêmement froid. La censure fait l'effet contraire, et participe à la réussite de l'œuvre. Le public va y trouver de l'impiété et beaucoup trop de libertés. Voltaire commence à faire ses armes.

Si la *Henriade* fonctionne, sa pièce, *Mariamne,* est un échec. Voltaire en tombe malade. Sa santé n'a jamais été bonne et Voltaire est un abonné de la médecine. Il se drogue avec de nombreuses pilules et se soignera aux eaux de Forges en compagnie de Richelieu. Régénérescence provisoire, car lorsqu'il apprend la mort d'un ami durant une chasse, il tombe à nouveau malade et les eaux ne lui font plus rien ! Il voyage sans cesse sans trouver de remède. Il est couvert de boutons, certainement de l'eczéma et en accuse Mariamne : « *Je crois que c'est cette misérable Mariamne qui m'a tué* [...] »

Rousseau et l'abbé Nadal souhaitent également faire jouer une *Mariamne*. Pour Voltaire, c'est un affront. Bien que la pièce de Nadal soit un échec, on accuse Voltaire et Thiériot d'avoir payé des agitateurs pour siffler la pièce. Voltaire va la retoucher et la faire jouer. Bien que ce soit loin d'être sa meilleure œuvre, elle est appréciée du public. Voltaire est de retour sous le feu des projecteurs. Notons un nouveau clin d'œil à la valeur de l'amitié chez Voltaire. Lorsque le duc de Richelieu est nommé ambassadeur à Vienne, il lui demande de s'adjoindre Thiériot. Ce dernier oscille entre acceptation et refus, ce qui met Voltaire dans l'embarras. Thiériot ne partira finalement pas, mais son ami Voltaire ne lui en veut pas, pour preuve : « *Vous m'avez causé un peu d'embarras par vos irrésolutions. Vous m'avez fait donner deux ou trois paroles différentes à M. de R... qui a cru que je l'ai voulu jouer. Je vous pardonne cela de bon cœur.* »

Voltaire a trente ans, il est rongé de diverses maladies, se dit mourant, et se sent comme un vieillard.

CHAPITRE IV

Voltaire, l'homme de la scène

Voltaire n'est pas si irréligieux qu'il y paraît. En 1724, il rencontre la miraculée de Charonne lors de la cérémonie à laquelle l'archevêché l'a invité. Croit-il sincèrement au miracle ou joue-t-il la comédie ? Nous aurons l'occasion d'y revenir.

Il fait jouer sa comédie, *l'Indiscret,* qui rencontre du succès. Nous ne l'avons pas signalé, mais la régence du duc d'Orléans est terminée depuis 1722, car Louis XV a été sacré. Le duc d'Orléans, maintenu Premier ministre, décède un an plus tard.

Nous voilà désormais sous le règne officiel de Louis le quinzième, les cartes sont rebattues. La pièce *l'Indiscret* a plu aux bonnes personnes et Voltaire se fait inviter au mariage de Louis XV et de Marie Leczinska. Il se rapproche ainsi des marches du trône et prépare des vers pour la reine. Cette dernière aurait pleuré devant une représentation d'*Œdipe* et son père, Stanislas de

Pologne, est intéressé par la *Henriade*. Voltaire, reçu par la reine, prétend qu'il n'a accepté la rencontre que pour faire plaisir à Madame de Prie qui l'a fait inviter au mariage. Il joue les grands seigneurs, mais en réalité il brûle d'ambition. Grâce à la faveur de la reine, il peut espérer gravir les échelons, du moins il le pense, mais le roi Louis XV est distant et se méfie de lui.

Il n'empêche que fréquenter la cour procure des avantages, Voltaire n'hésite pas à en faire profiter les autres. Il s'en repentira, mais il obtiendra la libération de l'abbé Desfontaines qui croupissait en prison attendant un sort probablement plus terrible. Décidément, Voltaire est un ami fidèle qui n'hésite pas à tendre la main aux « malheureux ».

Mais il se berce d'illusions ! Ses amis sont des grands seigneurs, et il se comporte en familier avec eux tout en gardant une politesse et une courtoisie extrême, croyant ainsi appartenir à la haute noblesse. Il va vite retomber sur terre. En 1725, il est confronté au chevalier de Rohan-Chabot. Ce dernier, jalousant la relation de Voltaire avec la comédienne Adrienne Lecouvreur, va se montrer hautain et très rabaissant envers lui, allant jusqu'à lui dire :

— *« Arouet ? Voltaire ? Enfin avez-vous un nom ? »*

Voltaire ne peut s'empêcher de répondre impétueusement :

— *« Voltaire ! Je commence mon nom et vous finissez le vôtre. »*

Rohan-Chabot ne l'entend pas de cette oreille. Il lève sa canne et Voltaire dégaine son épée. Mademoiselle Lecouvreur s'évanouit, ce qui arrête immédiatement les hostilités. Si Rohan-Chabot s'en va et que Voltaire trône en apparence, cela ne durera pas.

Trois jours plus tard, tandis qu'il dîne chez le duc de Sully, un messager arrive et demande à voir Voltaire dans la rue. Deux voitures l'attendent. Il s'approche de la première pour échanger avec la personne qui souhaite le voir si urgemment, mais il s'agit d'un guet-apens. Voltaire est roué de coups de bâtons, tandis que de la seconde voiture on entend la voix du chevalier de Rohan-Chabot :

— *« Ne frappez pas sur la tête, il peut en sortir quelque chose de bon. »*

Voltaire remonte en courant chez le duc de Sully, pour y raconter sa mésaventure et demander assistance à l'assemblée présente pour l'accompagner et déposer plainte au commissariat. Voltaire tombe de très haut et reçoit un coup virtuel certainement plus violent que ceux qu'il vient de subir. Tout le monde se désiste. Il s'agit du chevalier de Rohan-Chabot, un des plus hauts seigneurs de France.

Voltaire est rappelé durement à son rang. S'il est révolté par la lâcheté de l'attaque, il l'est encore plus par l'injustice de la situation. Il ne souffrira pas l'affront, pas lui. Il est Voltaire ; le prince-poète.

Il tente de traîner sa peine à la cour et de solliciter tous les appuis qu'il a acquis. Personne ne prend sa défense. Puisque justice ne peut être rendue, Voltaire s'en chargera lui-même. Il décide de tuer le chevalier de Rohan-Chabot en duel. Mais comme il n'est ni un duelliste ni un guerrier, s'il veut gagner il lui faut apprendre et qui de mieux que les coupe-jarrets et la canaille des bas-fonds pour lui apprendre à tuer ? Voltaire se met à les fréquenter et à s'entraîner au combat. Il est suivi par la police, car la famille de Rohan craint un attentat sur le chevalier. Voltaire appelle un de ses parents de province pour faire office de témoin. Face à sa détermination, décision est prise de calmer ses ardeurs, et on prévoit pour lui un nouveau séjour à la Bastille.

Voltaire rencontre le chevalier dans la loge de mademoiselle Lecouvreur, demande réparation de l'affront et lance le gant du duel. Comme on ne refuse pas un duel, Rohan-Chabot accepte. S'il accepte officiellement, pour garder bonne figure, il va, en réalité, agir pour que la décision d'embastiller Voltaire soit effective. Un Rohan a plus de crédit qu'un Voltaire. Il obtient raison et Voltaire est arrêté et conduit à la Bastille. Nous sommes en avril 1726. Aucune voix ne se fait entendre pour sa défense, hormis celle du duc de Villars.

Le roi demande tout de même à ce que l'emprisonnement soit assez « doux », les visites sont même autorisées. Grâce à cet aménagement, Voltaire revient à la mode et reçoit de nombreux visiteurs. L'enfermement sera de courte durée, le nombre de visites est tellement impressionnant que l'on est obligé de les interdire. Voltaire est élargi le 1er mai 1726 à condition qu'il s'exile en Angleterre, ce qu'il accepte.

Mais Voltaire est un entêté, il continue de vouloir la mort de Rohan et revient clandestinement en France dans cet objectif. Face à la difficulté de l'opération et après avoir jugé les risques qu'il peut encourir, il revient quelque peu à la raison et retourne à Londres.

L'Angleterre n'est clairement pas la France. Voltaire s'y trouvera merveilleusement bien et va en faire les louanges. N'oublions pas que la France et l'Angleterre sont ennemies héréditaires, ce sont donc des flèches que tire Voltaire. Durant l'exil, il perd sa sœur que nous avons évoquée dans le premier chapitre, il écrit : *« C'était à ma sœur de vivre et à moi de mourir, c'est une méprise de la destinée... Je croyais bien que ce serait elle qui porterait le deuil. »*

Il tente en vain de se rapprocher de son frère. Ce dernier ne lui répond même pas. Il va perdre son argent car lorsqu'il viendra se faire rembourser sa lettre de change de Paris, son interlocuteur prétend avoir fait faillite. Le roi Georges lui apportera un maigre secours. Voltaire va nouer quelques amitiés qui vont le consoler. Il fréquente des lettrés et des savants, et clame que les écrivains sont bien mieux traités en Angleterre qu'en France !

Il n'y a qu'un incident à relever, dont il se sortira à merveille. Les Français ne sont pas en grâce à Londres, Voltaire est un jour reconnu et apostrophé par la populace. On veut lui jeter de la boue, mais il se hisse sur un point surélevé et dit en Anglais :

— *« Braves Anglais, ne suis-je pas déjà assez malheureux de n'être pas né parmi vous. »*

Il est applaudi pour son style et la maîtrise de son anglais. L'exil ne l'empêche pas de travailler, il écrit *l'Histoire de Charles XII*, il retouche *La Henriade* qui sera admirablement reçue en Angleterre. Dédiée à la reine, le roi et la cour y souscrivent. En France, la vente ne marche pas et Thièriot va jouer un tour à Voltaire. Il va prétendre s'être fait voler tous les manuscrits en sa possession, et qu'il avait pour charge de vendre, pendant qu'il était à la messe de la Pentecôte 1728. Thiériot à la messe, voilà un fait bien surprenant ! La réalité c'est qu'il s'est à lui-même empoché la somme. L'amitié de Voltaire ressurgit. Il ne dira rien à Thièriot, sinon lui faire comprendre qu'il n'est pas dupe, et va se charger, à ses frais, de faire parvenir un exemplaire aux souscripteurs.

L'exil ne peut être définitif, Voltaire revient en France en mars 1729, mais il est interdit de séjour à Paris. Il loge à Saint-Germain-en-Laye où il y apprend que le roi lui retire ses pensions. Il reprend très vite ses vieilles habitudes et écrit partout pour solliciter de l'aide. Il va lancer l'*Histoire de Charles XII* sous presse et se rend clandestinement à Paris pour affaires. Décidément, l'exil ne l'a pas calmé ! Ses amis hauts placés vont réussir à obtenir son retour à Paris. Il n'est pas riche, mais il n'est pas à plaindre, et pour se renflouer il ne manque pas d'idées. Il va réussir à trouver une faille au jeu de la loterie. En effet, s'il achète tous les tickets, le jackpot sera forcément remporté. Il s'associe avec des personnes et mène l'opération à son terme. Cette arnaque lui vaudra un petit voyage aux eaux avec Richelieu afin de se faire oublier. Bien qu'à nouveau extrêmement malade, il fait un détour à Nancy pour y acheter des actions fructueuses, normalement destinées aux Lorrains. Il va jouer de roublardise et en obtenir.

À Paris, il fait jouer une de ses nouvelles comédies, *Brutus*, mais le succès est relatif. L'*Histoire de Charles XII*, imprimée et autorisée, est cependant saisie. Voltaire va vendre le livre clandestinement.

Il travaille énormément et lance un poème digne d'une lance. À la mort de la comédienne Adrienne Lecouvreur, enterrée dans un terrain vague, Voltaire, scandalisé, écrit un poème contre les pratiques barbares de la France et loue les mœurs anglaises.

En 1731, son ami, monsieur de Maisons, meurt de la variole, Voltaire est abattu. Depuis son retour à Paris, il a la « bougeotte », et loge partout et nulle part. Il aime à être le roi des différents logis où il est accueilli. Il écrit toujours des tragédies, comme *Eriphyle* qui sera un échec. Mais derrière l'échec et la persistance se cache bien souvent la réussite.

En vingt-cinq jours, il écrit *Zaïre*, elle est jouée en 1731 et c'est un franc succès. Voltaire va remanier la pièce afin de lui faire atteindre son apogée. Il est désormais incontestable que Voltaire est devenu un maître à la comédie française ! Un maître auteur surtout, car lorsqu'il joue lui-même il est « possédé » et se met tellement en transe qu'il en devient mauvais ! Il n'écrit pas que de la comédie, mais prépare notamment un livre sur l'Angleterre. Proche de la quarantaine, il est si maigre et si chétif qu'on le donne mourant prochainement. Il écrit, *Le Temple du Goût*, un poème dans lequel il loue des auteurs autant qu'il en dénigre. Décidément, Voltaire est incapable de tenir sa langue.

Une grande joie l'attend, *Zaïre* est jouée à la cour devant le roi et la reine, et Voltaire fait son entrée à la cour. Il s'y sent bien, comme au théâtre, mais la gloire attire bien des jalousies et des ennemis. Des vieux poèmes à scandale sont imprimés et diffusés. Est-ce un choix de Voltaire ? Il prétend qu'on lui a volé le texte, qu'il n'est pour rien dans la diffusion et même qu'il n'en est pas l'auteur.

Une lettre de cachet est de nouveau prête, et il faudra toute l'influence de ses amis pour empêcher le ministre de l'utiliser. Il lui est en revanche interdit d'imprimer. Il va prendre un peu de recul en habitant la rue Jacques-des-Brosses, où il lance une affaire de fabrication de papier d'emballage. Du fond de sa retraite provisoire, il va faire une lumineuse rencontre qui scellera une partie de sa vie. Il s'agit de la marquise du Châtelet. Une aristocrate savante et un « prince-poète » vont se lier d'un amour et d'une amitié extrêmement profonds. La marquise est mariée, Voltaire en sera son amant. Ce n'est pas si surprenant au XVIIIe siècle, d'autant qu'ils formeront un couple bien plus uni que les mariages officiels.

Comme nous rencontrerons la marquise assez souvent dans le récit, nous l'appellerons par son prénom, Emilie.

Voltaire se trouve bien avec elle. Ce sont tous deux des amoureux de la liberté, notamment celle d'apprendre et de ne se fermer aucune porte, quel que soit le sujet d'étude.

Tandis qu'il compose un opéra, *Samson*, il s'occupe du mariage de son ami le duc de Richelieu, et réussit à lui faire épouser la seconde fille du duc de Guise qui est un de ses amis. Richelieu était le seigneur le plus regardé de la cour.

Les ennemis de Voltaire ne cessent de grouiller. Son *Temple du goût* est caricaturé. Il s'énerve et réussit à faire interdire les représentations. Comme Jean-Baptiste Rousseau lui a montré les dents, il va lui répondre par *L'Épître sur la Calomnie.*

Malgré ces traits caractéristiques, n'oublions pas de souligner ses bons côtés. Il n'hésite pas à aider les poètes débutants et à recueillir chez lui des personnes en difficulté.

Adélaïde Du Guesclin, sa nouvelle tragédie est sifflée, Voltaire oscille entre réussite et échec. Ses *Lettres aux Anglais* ou *Lettres Philosophiques* lui valent une lettre de cachet, mais son ami d'Argental le prévient à temps, Voltaire prend la fuite.

CHAPITRE V

Scandales et grandeur

Voltaire ne le savait pas, mais les *Lettres Philosophiques* étaient en circulation. Thiériot surveillait l'édition anglaise qui devait sortir avant la française. Mais l'éditeur français, impatient, diffuse le livre contre l'avis de Voltaire. En Angleterre, le livre a un léger succès, mais en France, c'est un scandale. Les louanges de l'Angleterre et la critique de la France sont jugées comme une vengeance de Voltaire. Le livre est condamné à être brûlé.

Voltaire est malade, mais il est obligé de fuir. Il choisit lui-même la route de l'exil, et Madame du Châtelet est désemparée. Il rejoint en Lorraine, encore indépendante, Richelieu qui est en campagne militaire, mais garde le train de vie d'un seigneur. Emilie l'exhorte à quitter le pays pour sa sécurité. Voltaire s'y refuse, mais va trouver un compromis, en prenant refuge au château de Cirey, toujours en Lorraine, chez la personne qui n'est qu'autre que le marquis du Châtelet, et qui se moque pas mal de la liaison de sa femme avec Voltaire. Ce dernier ne sera pas un profiteur, car il participera à ses frais à la restauration partielle du château.

Emilie ne le rejoint pas encore, elle travaille pour lui à Paris, en tentant de faire stopper les poursuites et n'arrive à Cirey qu'en octobre 1734. Mais Voltaire n'est plus là, pourquoi ? Son Emilie serait tombée dans les bras de son professeur de géométrie ! Maintenant accoutumé à ce genre de péripéties, il revient des Pays-Bas et se réconcilie avec Emilie. S'il n'est pas guéri de l'amour comme il le prétendait, il est du moins en traitement. Pour preuve, il produit des œuvres comme *Alzire* et surtout *La Pucelle*, qui doit rester confidentielle et être lue dans un entourage très restreint.

Grâce à son entourage d'amis hauts placés comme d'Argental qui réussit à obtenir la suspension du mandat d'arrêt, Voltaire est de nouveau de retour à Paris en mars 1735. Des informations sur son poème, *La Pucelle*, circulent dans Paris, et on en parle comme du plus gros scandale à venir. Mais, en cet an de grâce 1735, la mode est davantage à la science qu'à la versification ! Voltaire s'y intéresse beaucoup, mais n'abandonne pas pour autant la poésie. Il ne reste pas longtemps à Paris, repart en Lorraine, tout d'abord à Luneville puis enfin à Cirey. Il est accompagné de Linant, un de ses amis qui ne brille pas par son intelligence.

Nous avons souvent observé que Voltaire est un ami plus que fidèle ainsi qu'un protecteur désintéressé. Pourquoi l'abbé Desfontaines, que Voltaire a précédemment sauvé, devient-il son détracteur ? Aimablement, Voltaire a donné une pièce à des élèves du collège d'Harcourt désireux de la jouer. Sans son accord, la pièce a été imprimée, remplie de fautes et dénaturée par les imprimeurs. L'action de bienfaisance de Voltaire envers Desfontaines mérite un petit remerciement, et il prie ce dernier de bien vouloir faire dire à Paris qu'il n'est pour rien dans cette publication. C'est à ce moment que Desfontaines montre son vrai visage ! Non seulement il ne fera rien, mais ira plus loin encore. Il fera une critique extrême de la pièce et publiera la lettre où Voltaire implore son secours. Précisons que Voltaire est en exil voulu, et que la diffusion de la lettre indique son lieu de résidence. Nous pouvons légitimement nous demander pourquoi Desfontaines agit ainsi avec son bienfaiteur. L'explication réside sûrement dans le fait que Voltaire peut se montrer arrogant et hautain, surtout lorsqu'on lui doit quelque chose.

Si Voltaire est un ami fiable, il hait la trahison et Desfontaines n'est pas spécialement de son cercle amical. Voltaire écrit à tous ses amis, Desfontaines tente alors de désamorcer sa colère en publiant un éloge de la pièce, mais Voltaire n'est pas satisfait, et publie un article contre Desfontaines qui avait pourtant rédigé une lettre d'excuses arrivée trop tard. La joute commence, et Desfontaines se déchaîne par écrit contre Voltaire. Nous rencontrerons ce cas de figure à de nombreuses reprises. Voltaire aura toute sa vie affaire à des médiocres comme Desfontaines qui ne vivent et n'espèrent connaître la notoriété qu'à travers lui. Être critiqué par Voltaire est un gage de célébrité. Voltaire, trop nerveux et sensible, ne peut concevoir de ne pas répondre aux attaques ! Il utilisera même des procédés peu dignes, tout comme ses opposants ! Thiériot aurait à nouveau trahi Voltaire dans l'affaire Desfontaines, mais Thiériot est un ami, il ne subira pas ses foudres.

Voltaire est un grand coléreux. Un écrit contre lui ou une parole le mettent en transe, et il se venge sur le mobilier autour de lui ou s'exclame contre l'injustice du procédé dans des élans de colère à faire pâlir. Durant ses crises, Voltaire, s'il est malade, guérit presque instantanément !

L'affaire Desfontaines est en tout cas bien complexe et pleine de petites bassesses. Lorsque le lieutenant de police engage Voltaire à faire des excuses publiques, ce dernier susurre sans réellement s'exécuter pleinement. Desfontaines accepte la situation et propose de diffuser un poème de Voltaire. Le poème étant normalement réservé aux Châtelet, Voltaire refuse poliment. Le poème est tout de même diffusé. Est-ce Thiériot qui a volé le manuscrit ?

Mais la personnalité de Voltaire est très complexe. Lorsque monsieur du Châtelet dépose plainte en sa faveur, Voltaire le prie de la retirer. Il arguera cependant : *« Qu'est devenu l'abbé ? Dans quelle loge a-t-on mis ce chien qui mordait ses maîtres ? Je lui donnerai encore du pain tout enragé qu'il est. »*

Voltaire n'est pas à un ennemi près. Sitôt une affaire étouffée, sitôt une autre apparait. La prochaine sera l'affaire Le Franc, qui a fait une imitation d'*Alzire,* nommée *Zoraïde* et qui sera jouée avant *Alzire*. Voltaire est fou de rage, il est hors de question qu'une pâle copie soit jouée avant sa pièce. Mais à cause du caractère emporté de Le Franc, les comédiens refusent sa pièce, Voltaire est sauvé. Notons de nouveau la présence de Thiériot dans l'entourage de Le Franc. Quoi qu'il en soit, *Alzire* sera une réussite.

Voltaire connaît ensuite un différend avec Jore, le libraire de Rouen, qui a notamment imprimé les *Lettres Anglaises* ou *Lettres Philosophiques*. Ce dernier lui réclame de l'argent. Voltaire lui écrit le détail des transactions. Jore attaque Voltaire en justice. Pour l'occasion, Voltaire revient à Paris, mais l'opinion n'est pas en sa faveur. Ses ennemis, comme Desfontaines, se liguent contre lui. Un exemplaire corrigé des *Lettres Anglaises,* dont les modifications n'allaient pas dans le sens de l'apaisement, a été volé et remis au ministre Maurepas. Chacun s'entoure de ses amis pour une joute de l'ombre qui se soldera par l'échec de Jore et une amende de cinq cents livres que Voltaire devra payer aux pauvres.

Si nous avions des doutes sur l'affaire entre Jore et Voltaire, notons qu'elle se clôturera par une lettre dans laquelle Jore reconnaît l'intégralité de ses torts. En échange Voltaire lui fait remettre une grosse somme d'argent. Pour Voltaire, seuls comptent son honneur et son intégrité. Dans une autre affaire de spéculation de grains, il n'hésitera pas à se laisser voler vingt-quatre mille livres sans rien dire, car il ne s'agit que d'argent.

Une querelle avec Rousseau va aussi prendre de l'ampleur. Voltaire joue de sa notoriété et rappelle que le père de Rousseau était le savetier de son père, monsieur Arouet. On le voit, Voltaire se comporte comme un seigneur, à qui ne manque que le titre. Malgré ces différents tracas, Voltaire travaille avec acharnement dans sa retraite de Cirey, où chaque moment est réglé avec minutie.

En 1736, on retrouve dans les papiers d'un de ses amis décédé un nouveau poème à scandale qui sera diffusé contre sa volonté. Paris commence à en avoir assez de monsieur Voltaire. Dans ce même temps, les cousins du Châtelet apprennent que Voltaire vit sous le même toit qu'Emilie, alors qu'il en est l'amant. Voltaire doit se résoudre à partir, mais pour aller où ?

Il s'est acoquiné depuis peu avec un illustre personnage, Frédéric, prince royal de Prusse. Voltaire est très enthousiasmé par son invitation d'aller le voir en Prusse, mais Emilie s'y oppose, arguant que le père de Frédéric, roi de Prusse, est cruel et ne verrait pas d'un bon œil que son fils fréquente un poète-philosophe comme Voltaire. Voltaire décline l'invitation, mais garde en tête qu'un jour Frédéric sera roi.

Il se réfugie en Hollande, il y apprend que Rousseau n'est plus exilé. Voltaire va montrer toute sa fourberie lorsqu'il a affaire à un ennemi. Il adresse au ministre et au Parlement la copie d'un poème de Rousseau dans lequel le roi et les magistrats sont virulemment critiqués. Rousseau ne quittera finalement pas son exil à cause de Voltaire.

Les pièces de Voltaire sont jouées dans toutes les villes où il passe. *Zaïre* est même donnée à Londres. Après une année, Emilie appelle son poète. Elle désire son retour, car la menace est passée, mais Voltaire se fait désirer.

Frédéric de Prusse ne cesse de le courtiser et lui envoie une canne dont le pommeau en or représente le buste de Socrate. Il ajoute : *« Si jamais je vais en France, la première chose que je demanderai ce sera : où est M. de Voltaire ? Le Roi, la Cour, Versailles, Paris ni le sexe, ni les plaisirs n'auront part à mon voyage, ce sera vous seul. » Il l'appelle même "Le Virgile du Siècle".*

En compagnie d'Emilie, Voltaire s'est ouvert à toutes les sciences. De nos jours, nous connaissons Newton, qui était, du temps de Voltaire, loin d'être reconnu comme un scientifique avéré. Pourtant, c'est à Newton que Voltaire et Emilie se sont intéressés, jusqu'à en écrire un livre intitulé, *Éléments de la Physique de Newton*. Nouveau déboire avec les libraires ! Le livre n'étant pas achevé, ils le termineront à leur façon et le feront imprimer, en 1738, sans l'avis de Voltaire, qui en devient malade. Malgré les erreurs dues aux libraires, ce livre parvient à commencer à faire connaître Newton. Même s'il excelle en science, Voltaire n'obtiendra pas de prix au concours de l'Académie des Sciences. Desfontaines attaquera de nouveau Voltaire sur les *Éléments de la Physique de Newton*.

Voltaire va alors composer un libelle contre lui. Il a pourtant certainement compris qu'en se prêtant à ce jeu il ne fait que servir ses ennemis, mais cela est plus fort que lui. La joute reprend de plus belle, jusqu'au pamphlet *La*

Voltairomanie dans lequel Voltaire est calomnié au plus haut point et Thiériot lavé entièrement. Thiériot est donc bien de mèche avec Desfontaines, il n'y a plus de doutes possibles. Voltaire en est affreusement malade. Emilie ne lui a pas montré le pamphlet, mais Voltaire l'a bien lu et c'est sûrement cela qui empire son état. Thiériot prétendra ne se souvenir de rien, Voltaire le supplie de dénoncer publiquement qu'il a vu Desfontaines écrire ce pamphlet. Ce sera monsieur du Châtelet qui écrira et menacera Thiériot de s'exécuter. Thiériot fait le mort ! Il va même plus loin en se prétendant recommandé par Voltaire pour correspondre avec Frédéric de Prusse et va même lui envoyer *La Voltairomanie.*

L'intervention d'Emilie n'y fera rien. Frédéric ne souhaite pas se séparer de Thiériot, Voltaire ne se séparera pas non plus d'une Altesse Royale si proche de lui. Le vice des hommes est bien grand lorsqu'on joue au jeu des couronnes et des influences. Est-ce les menaces d'Emilie ou les suppliques de Voltaire envers Thiériot ? Quoi qu'il en soit, Thiériot entre dans le droit chemin et se rabiboche avec l'entourage de Voltaire, qui pardonne, mais mobilise l'intégralité de son réseau pour faire couler Desfontaines. Ce dernier clame qu'il n'est pas le seul auteur de *La Voltairomanie* mais qu'il a été aidé par Rousseau. Voltaire est en rage, et tente divers procédés pour se venger de l'un et de l'autre. Monsieur Hérault réussira à obtenir la rétractation totale de Desfontaines et de ses propos en le menaçant du cachot. Pour clôturer définitivement le dossier Desfontaines, citons sa réponse lorsqu'on lui demande pourquoi il a écrit tant de calomnies sur Voltaire : *« Il faut bien que je vive. »*

CHAPITRE VI

Dans l'ombre des rois

Essayons-nous à dresser un tableau de ce qu'était la vie de Voltaire à Cirey. On y travaille beaucoup, mais l'on s'y amuse aussi. Notons que, pour Voltaire, le luxe est preuve de civilisation.

Pour le reste, le rythme est monastique, le levé est à cinq heures du matin, nul ne sort de sa chambre avant dix heures, sauf cas particulier. Dix heures marque le moment du café suivi d'un retour en chambre ou d'une promenade, à midi sonne le dîner. Après le repas, les invités ont droit à des entretiens avec Voltaire ou Emilie. Lorsque celui-ci est las de discuter, il s'éclipse pour travailler. Parfois, Emilie et Voltaire prennent une collation aux alentours de quatre heures. Le souper est à neuf heures, et c'est à ce moment que l'on peut profiter de l'agréable, raffinée et radieuse conversation de Voltaire. Rares sont les fois où il rend visite à ses invités dans leur chambre, arguant que :

— *« La plus grande dépense qu'on puisse faire est celle de son temps. »*

On joue également du théâtre à Cirey. Il y a deux répétitions par semaine ainsi que deux représentations. L'opéra est également de mise. Il y a parfois des scènes moins gracieuses, comme les disputes extrêmement virulentes entre Voltaire et Emilie. Les deux sont d'admirables comédiens, à croire que le théâtre déteint sur leur vie privée. Madame de Graffigny en témoigne, car elle-même est victime d'une des scènes. Un soir, elle est accusée à tort par Voltaire de lui avoir dérobé un exemplaire de *La Pucelle*. Voltaire et Emilie vont faire irruption dans sa chambre et jouer la plus vive des pièces de théâtre. Après le spectacle viennent les excuses, car la pauvre femme n'y était pour rien.

En 1739, Emilie va hériter d'un titre de princesse, car un de ses parents possédait une principauté près de Clèves. Voltaire, bien que fort malade, accompagne Emilie pour y relancer les juges afin que son droit soit reconnu.

Nous les retrouvons en septembre à Paris. Il est reçu partout et reçoit quantité de visites :

— *« Je suis comme cet Ancien qui mourut sous les fleurs qu'on lui jetait. »*

Il veut qu'en seulement trois semaines les comédiens apprennent et jouent sa nouvelle tragédie, *Mahomet*. Le retour parisien sera éphémère, ils retournent à Cirey puis partent à Bruxelles pour le procès d'Emilie. De toute façon, à Paris, les grands ne veulent pas de lui. Le début de son livre, *Le siècle de Louis XIV*, est interdit, et de plus le ministre Maurepas lui fait dire qu'il faut qu'il considère qu'il est en exil à Cirey.

Les échanges de courtoisies avec Frédéric de Prusse n'ont jamais cessé. En 1740, Frédéric devient roi et continue à bercer Voltaire de douces illusions (nous verrons plus tard pourquoi nous utilisons ce mot) : « *Ne voyez en moi, je vous prie, qu'un citoyen zélé, un philosophe un peu sceptique, mais un ami véritablement fidèle. Par Dieu, ne m'écrivez qu'en homme, et méprisez avec moi les noms et tout l'éclat extérieur.* »

La rencontre se fera enfin près de Clèves, au château de Moylard, en septembre 1740. Bien que Frédéric soit malade, ils pourront échanger sur divers sujets philosophiques et autres en toute liberté. Voltaire sera missionné pour écrire une lettre politique en faveur de Sa Majesté le roi de Prusse aux Liégeois.

Frédéric dit de Voltaire : « *Il a l'éloquence de Cicéron, la douceur de Pline, la sagesse d'Agrippa, etc. Je n'ai pu que l'admirer et me taire. La du Châtelet est bien heureuse de l'avoir.* » Frédéric sent que la seule chose qui retient Voltaire hors de sa cour, c'est bien Emilie. S'il retrouve une seconde fois Frédéric en Allemagne à Remusberg, il ne restera pourtant pas, Voltaire souhaitant avant tout une charge ou un titre, mais à la cour de France.

Si Versailles le boude pour certaines de ses œuvres, disons « déplacées », il n'en désespère pas pour autant. S'il pense impressionner en fréquentant le roi de Prusse, c'est en fait le contraire. Voltaire voit trop grand. Il ose écrire au cardinal de Fleury qu'il peut faire de Frédéric un allié de la France, et entrer ainsi en grâce auprès du roi de France, Louis XV. Sans aller jusqu'à l'employer à ce point, le cardinal accepte que Voltaire fasse quelques recommandations à Frédéric. Dans ce laps de temps, Emilie a travaillé pour lui à la cour de France et obtenu son retour à Paris. L'une de ses autres missions, émanant du cardinal de Fleury, est d'écrire contre les Jansénistes. Après avoir accepté et commencé, il se récuse en disant qu'il a le sentiment de se déshonorer. Le cardinal va d'abord le bouder, mais Voltaire part à la rencontre de Frédéric pour tenter d'y apprendre le maximum sur la politique du roi et en faire ensuite un retour au cardinal.

Il retrouve Frédéric à Remusberg, et la chanson reprend… Ce n'est que poésie, philosophie et dîners. En réalité, il s'agit d'un jeu de dupes et cela des deux côtés. Lorsque Voltaire souhaite être remboursé de ses frais de voyage, voici comment Frédéric de Prusse parle de lui en privé : « *Ton avare boira la lie de son insatiable désir de s'enrichir, il aura mille trois cents écus. Son apparition de six jours me coûtera par journée cinq cent cinquante écus. C'est bien payer pour un fou ! Jamais bouffon de grand seigneur n'eut de pareils gages.* »

Voilà donc comment l'on peut concevoir l'apogée d'une hypocrisie. Voltaire va rentrer sans renseignements, car Frédéric n'est pas dupe, mais veut s'attacher celui qui commence à devenir l'homme du siècle.

Il n'en pense cependant pas moins : « *La cervelle du poète est aussi légère que le style de ses ouvrages et je me flatte que la séduction de Berlin aura assez de pouvoir pour l'y faire revenir bientôt, d'autant plus que la bourse de la marquise ne se trouve pas aussi bien garnie que la mienne.* »

En attendant la suite de l'aventure entre ces deux personnages, qui continuent à correspondre, Voltaire connaît le succès hors de Paris avec son *Mahomet*. Il continue également à travailler avec acharnement et à jouer les financiers en prêtant de l'argent aux grands seigneurs.

En 1741, la cour boude toujours Voltaire qui déclare alors *« Je n'ai plus la santé d'un courtisan. »* Dans un certain sens c'est la vérité, mais là n'est pas le problème, il veut simplement faire bonne figure.

Il va féliciter son « ami » Frédéric d'avoir fait la paix avec l'Autriche sans prévenir la France. L'effet à Versailles est scandaleux, Voltaire s'en défend. La véritable question reste à savoir qui a fait circuler la lettre en question ? Serait-ce Frédéric qui a joué un tour à Voltaire pour le déconsidérer à la cour de France ?

Louis XV ne réagira même pas. Il se désintéresse totalement de l'affaire et Voltaire peut continuer à vivre sans aucune contrainte. *Mahomet* sera même jouée à Paris en 1742 avec succès avant que la pièce soit interdite. Voltaire voyage quelque peu à Bruxelles et rejoint aussi Frédéric à Aix-la-Chapelle où les offres de terres, de pensions et de titres sont réitérées. Voltaire décline poliment, car il pense toujours à la cour de France. D'ailleurs, nous le retrouvons à Paris en novembre 1742.

On apprend par une lettre d'Emilie que lorsque Voltaire est malade, il écrit des vers et lorsqu'il ne l'est point, il philosophe.

À Paris, Voltaire tente à nouveau sa chance, et joue si bien le courtisan (alors que précédemment il se prétendait trop vieux) que le cardinal de Fleury lui écrit : *« Vous êtes tout d'or, Monsieur, j'ai fait part de votre lettre au roi qui en a été fort content. »*

Sitôt Voltaire entré en grâce, de nouvelles ventes de livres « interdits » viennent l'assaillir. Mais cette fois, il réussit à faire surveiller le coupable et à éviter le scandale.

Voltaire a maintenant quarante-huit ans. S'il est un écrivain célèbre, il n'est encore "placé" nulle part. Il pense notamment à l'Académie, mais le cardinal va mourir en début d'année 1743, et ne pourra pas appuyer Voltaire. Il faut donc patienter. L'Académie française n'étant pas accessible pour l'heure, il tente celle des Sciences. Il est refusé. S'il a exploré le sujet, nous savons que Voltaire est un écrivain et non un scientifique, sans compter que plusieurs de ses ennemis sont présents au sein de l'Académie des Sciences.

Mais Voltaire, privé d'appuis, ne se démonte pas et tente l'Académie française. Pour cela il faut un gros succès littéraire. Il sort *Mérope*, ce sera un triomphe !

Le problème, pour l'Académie, c'est que Voltaire est perçu comme un impie, un irréligieux. Mais c'est un comédien, s'il faut jouer la comédie, alors il se fera le plus grand des dévots. Il prétend d'ailleurs l'être, ce qui fait rire Paris ! Il se met à courtiser les archevêques et les évêques, mais le roi s'opposera à son élection. Voltaire jure qu'il renonce à jamais à l'Académie, mais pour combien de temps ?

Frédéric profite de cet échec : *« Gagnez sur vous de mépriser une nation qui méconnaît les écrits des Belle Isle et de Voltaire et venez dans un pays où l'on vous aime et où l'on n'est point bigot. »*

Le coup fatal sera le refus de la pièce *Jules César*. Il se décide à quitter la France pour la Prusse. Emilie est en larmes, mais Voltaire ne perd pas le nord. Tandis qu'il s'achemine vers Berlin, il fait intervenir ses amis Richelieu et d'Argental et est missionné officiellement par les Affaires étrangères françaises. Il part donc en Prusse pour une opération de renseignements.

En août 1743, Voltaire arrive à Berlin et joue la comédie. Il assure qu'il part de Paris de sa pleine volonté. Il compte profiter des avantages des deux côtés. Le roi de France lui a déjà permis l'accès à quelques affaires rentables concernant des fournitures de vêtements militaires. Tandis qu'il est à Berlin, il console Emilie et lui fait part de sa mission secrète. Frédéric est-il dupe ? Probablement pas. Voltaire tente différentes actions, mais le roi de Prusse est inflexible. Malgré tous ses efforts, il n'obtiendra que : *« La seule commission que je puisse vous donner pour la France c'est de se conduire plus sagement. »* En revanche, il remplit à merveille son rôle d'« espion » en fournissant des informations à la France.

Frédéric n'est pas en reste. Voltaire se permet des critiques contre l'évêque de Mirepoix qui est un de ses ennemis, Frédéric envoie à ce dernier copie des lettres. Il écrit : *« Voltaire a déniché, je ne sais comment, la petite trahison que nous lui avons faite et il en est extrêmement piqué ; il se dépiquera j'espère. »*

Ils vont se quitter en octobre 1743, toujours autant bons amis, du moins de façade. Voltaire récupère Emilie à Bruxelles et ils prennent ensemble la route de Paris.

En ce début d'année 1744, on fait sentir à Voltaire que ses services n'ont pas été aussi fructueux. Emilie lui fait jurer de ne plus repartir en Prusse, il s'exécute. À la cour, Voltaire a des amis bien placés. À défaut d'être un bon espion, Richelieu et d'Argental, qui organisent les divertissements du roi, lui proposent de faire ce qu'il fait de mieux, divertir. Il écrit *La Princesse de Navarre* avant de repartir à Cirey en juin 1744.

De par cette dernière œuvre, Voltaire revient à la cour, à la fin de l'été 1744, avec un poème fait pour courtiser le roi, *Les Événements de l'année 1744*. En janvier 1745, Voltaire s'installe à l'hôtel de Villeroy, à Versailles. *« Je suis à Versailles comme un athée dans une église »*, note-t-il. Il ne cesse cependant de jouer le courtisan, car il souhaite obtenir la charge de gentilhomme ordinaire de la chambre du roi ainsi que la place d'historiographe.

En février 1745, Armand Arouet décède. Si les deux frères ne se sont pas revus, Voltaire assiste tout de même à l'enterrement. Certains affirment qu'il aurait assisté aux messes Jansénistes, dans les derniers temps d'Armand, afin de rafler l'héritage. Cela est très peu probable et crédible. Quoi qu'il en soit, il sera lésé au plus haut point dans le testament d'Armand.

La Princesse de Navarre est jouée à Versailles devant le roi et un public énorme. La pièce jouera son rôle et obtiendra le succès attendu. Ce n'est pas l'euphorie, mais cela est suffisant. Le roi lui promet la place d'historiographe et une pension de deux mille livres. Il tiendra parole. Voltaire a enfin réussi, il est entré à la cour de France. Certes, il n'a pas encore la place qu'il souhaitait, mais c'est un début.

Voltaire quitte quelque peu la cour pour rendre visite à l'enfant malade d'Emilie. Ce n'est pas l'égoïste sans cœur que ses détracteurs présentent. Il a certes des défauts, mais ne l'accablons pas de tous les maux de la terre.

À la suite de cette visite, il est mis en quarantaine, car suspect de contagion, l'étiquette étant ainsi faite. Il est tout de même missionné pour écrire une lettre au nom du roi, à destination de la Tsarine qui offre sa médiation pour conclure la paix.

En tant qu'historiographe, lui est confiée la gloire d'écrire en vers la victoire de Fontenoy ! Il remplit ce rôle à merveille. Il y aura bien sûr des critiques, mais Voltaire ne s'emportera pas cette fois. La raison en est simple : désormais il travaille pour le roi, et ce dernier étant satisfait, il n'y a aucune raison de créer des scandales.

De plus, il veut toujours entrer à l'Académie. Puisque c'est sa réputation d'impie qui lui en empêche l'accès, il faut convaincre du contraire, et qui de mieux que le pape en personne pour redorer son image. Il mobilise son réseau d'amis, comme toujours, car on n'a pas accès au pape aussi simplement. Après avoir courtisé Sa Majesté le roi de France, il cherche à obtenir les faveurs de Sa Sainteté !

Chose très surprenante, le pape reçoit les demandes avec bienveillance, et accepte d'envoyer des médailles bénies, ainsi qu'un portrait et donne son accord pour que *Mahomet* lui soit dédicacée.

La preuve que Voltaire n'a fait cette démarche que pour l'Académie réside dans ces lignes : *« Je viens, Monseigneur, de recevoir le portrait du plus joufflu Saint-Père que nous ayons eu depuis longtemps. Il a l'air d'un bon diable qui sait à peu près tout ce que cela vaut. » « Vous devriez dire au roi Très Chrétien combien je suis un sujet très chrétien. »*

Quoi qu'il en soit, le chemin de l'Académie se dessine. En attendant, Voltaire est au mieux à la cour, honore les commandes littéraires qu'on lui fait et s'attelle avec le plus grand sérieux à sa charge d'historiographe. En bon courtisan il a du flair, et se rapproche de la marquise de Pompadour. Il obtient ainsi des entrées personnelles pour la chambre du roi. Lors de la représentation d'un divertissement littéraire écrit par Voltaire, ce dernier se serait permis une « familiarité » avec le roi. Le roi étant représenté dans la pièce par un personnage nommé « Trajan », Voltaire se serait approché de Louis XV, durant la représentation, et lui aurait dit :

— *« Trajan est-il content ? »*

Louis le quinzième n'est pas Frédéric. Il affichera un visage très fermé et digérera mal cette intervention qui ne correspond pas à l'étiquette ! Notons maintenant, mais nous y reviendrons bien plus tard, un premier contact entre Voltaire et Jean-Jacques Rousseau qui lui écrit sur recommandation afin de lui demander l'autorisation de retoucher quelques-uns de ses vers.

Nous n'avons pas attendu longtemps avant de revenir sur le sujet de l'Académie. En mars 1746, une place est vacante, que les amis de Voltaire vont solliciter pour lui à sa demande. Louis XV est en sa faveur, l'élection est déjà faite et Voltaire entre officiellement à l'Académie. Il a franchi un pas supplémentaire.

Voltaire a beaucoup d'ennemis et son entrée à l'Académie va en multiplier le nombre, car la jalousie est un vilain défaut. Il ne savourera pas son élection, car le jour même un dénommé « Roi » envoie à l'Académie et aux divers salons, critiques et pamphlets contre lui.

Nous connaissons son orgueil démesuré. Il va tout mettre en œuvre pour se venger, et va s'investir personnellement dans les poursuites, allant jusqu'à guider lui-même les policiers chez les complices de "Roi", colporteurs, libraires, etc. Il va, comme à son habitude, s'enferrer dans des démarches juridiques qui n'aboutissent pas comme il le souhaite, et faire indirectement de la publicité à ses détracteurs.

Comble du comble, son discours d'entrée à l'Académie est moqué, car contrairement à la coutume qui veut que le discours soit un "encens de cour", Voltaire en réalise un véritable, ce qui n'est point dans l'air du temps.

Marivaux disait de Voltaire : *« Ce coquin a un vice de plus que les autres : il a quelquefois des vertus. »*

L'imagerie populaire en a fait un homme plein de mauvais penchants, mais nous avons cependant vu qu'il a également de la vertu dans certains domaines. Citons, pour l'heure, qu'il n'hésite pas à soutenir et à placer des jeunes, et se montre très généreux financièrement avec ses domestiques et ceux d'Emilie. Nous pouvons citer son valet : *« Je vis par la suite qu'autant ses vivacités étaient passagères et pour ainsi dire superficielles, autant son indulgence et sa bonté étaient des qualités solides et durables. »*

Voltaire gravit les échelons de la cour, car, en décembre 1746, il est fait gentilhomme ordinaire de la Chambre par Louis XV.

CHAPITRE VII

Voltaire ne sera pas couronné en France

En début d'année 1747, Voltaire poursuit son chemin, bien qu'il est toujours fréquemment malade et ingurgite énormément de pilules.

Avec Emilie, il fait un voyage à Anet, chez la duchesse du Maine, dont la baronne de Staal en fera un résumé peu élogieux. Mais on peut fortement soupçonner que le contenu ne soit pas fidèle à la réalité, du moins en partie.

En octobre 1747, ils sont de retour à la cour de Fontainebleau. Emilie va y perdre une somme astronomique au jeu, et cela en une seule soirée. Voltaire en transpire de rage, mais ne peut rien y faire. Il va sortir, du bout des lèvres, une phrase redoutable pour la cour, d'autant que nous sommes sur le jeu de la reine :

— *« Vous ne voyez donc pas que vous jouez avec des fripons ? »*

La phrase a été prononcée en anglais, mais certaines personnes la comprennent. Il vient de faire une offense suprême à la cour. Voltaire est déjà rodé sur les vengeances des grands seigneurs. Ils vont fuir et se réfugier chez la duchesse du Maine, cette fois à Sceaux. Voltaire y résidera dans le secret durant deux mois. Il va y écrire notamment, *Babouc, l'Ingénu, Micromégas, Zadig*.

Vers la fin de son exil, il fait jouer une pièce de théâtre et prend la liberté d'inviter lui-même en précisant sur le billet « *Entre qui veut* [...] ». Il fera le coup deux fois, s'attirant la colère de la duchesse, mais saura se faire pardonner, en offrant des livres de *Zadig* lorsque l'œuvre sera sortie.

En février 1748, les tensions se sont apaisées, Voltaire peut faire son retour à la cour. Il fait imprimer *Zadig*, et fait jouer la pièce l'*Enfant prodigue* pour le roi et ses familiers. Il n'est pas invité, bien qu'auteur de la pièce, mais la marquise de Pompadour obtient du roi que les auteurs soient désormais conviés aux représentations privées. Il va tant louer la marquise que la reine va en prendre ombrage. N'oublions pas que Madame de Pompadour est la maîtresse de Louis XV! S'il s'était seulement agi de la reine, l'affaire se serait probablement tassée, mais les filles de Louis XV ont une haine profonde contre Madame de Pompadour et Voltaire. Elles obtiennent son éloignement de la cour. Mais Voltaire les devance et va, de lui-même, choisir l'exil et partir à Cirey.

Ils vont rendre visite au roi Stanislas à Lunéville. Ce n'est pas la cour de France, mais il va y briller et y faire jouer ses pièces avec succès.

Il va cependant y avoir une ombre sur le tableau. À la cour du roi Stanislas, un dénommé Saint-Lambert a des vues sur Emilie. Voltaire a pour réputation d'être un amant, semble-t-il, « froid », et Saint-Lambert n'aura pas beaucoup d'efforts à réaliser. Voltaire ne fait, pour l'heure, aucun bruit. Est-ce par sagesse, parce qu'il n'a plus que de l'amour amical et intellectuel pour Emilie ou parce qu'il ne soupçonne pas encore l'ampleur de la relation ?

Durant l'été 1748, Voltaire est extrêmement malade. À Trianon, chez les filles de Stanislas, il tente de faire jouer *Sémiramis*, l'une de ses nouvelles pièces, mais lors de la représentation, une partie de la salle lui est hostile et la pièce est un échec des plus complets.

Voltaire en tombe de nouveau gravement malade. La fièvre et la colique reviennent. Il va cependant suivre Stanislas qui retourne en Lorraine. Au cours du trajet, Voltaire ressemble à un cadavre, et on tremble pour sa vie. Ses ultimes forces sont réservées à maudire ses échecs et ses ennemis. Enfin, comme une sorte de phénix, un beau jour, il renaît de ses cendres et continue son chemin.

Maintenant un expert des intrigues de la cour, il va réussir à empêcher qu'une parodie de *Sémiramis* ne soit jouée. S'il s'est à nouveau rendu malade pour cette affaire, l'apothéose va arriver et sera d'ordre sentimental.

En octobre 1748, Voltaire entre dans la chambre d'Emilie et la trouve avec Saint-Lambert. Il entre dans une rage folle, hurle, menace et injure! Saint-Lambert offre une réparation par les armes. Voltaire a cinquante-quatre ans et est extrêmement affaibli, Saint-Lambert, lui, a une trentaine d'années et est en pleine forme.

Voltaire s'en va et veut rompre. La position d'Emilie est délicate. Voltaire est déjà son amant, toléré par son mari, mais si l'on vient à savoir qu'elle trompe son amant avec un autre, que va-t-il advenir de sa réputation ?

Emilie va tout tenter pour réparer la situation, allant même jusqu'à arguer que Voltaire a mal vu. Voltaire n'est pas un sot, Emilie va devoir changer de stratégie et tout avouer. Elle sait s'y prendre et Voltaire va finir par accepter la situation, en exigeant toutefois que cela ne se passe pas sous ses yeux! L'affaire se soldera ainsi avec quelques excuses de Saint-Lambert en prime.

La pilule sera également très difficile à avaler lorsqu'il apprendra qu'Emilie est enceinte, évidemment pas de lui, mais de Saint-Lambert! Il finira par pardonner également et on peut-être très surpris de ce comportement, surtout lorsqu'on a en tête un portrait erroné de sa personne. Est-ce qu'un « diable » agirait ainsi ?

Nous pouvons relever, en février 1749, une dispute entre Voltaire et son ami le duc de Richelieu. Le duc lui avait mandé le service de lui écrire son discours qu'il devait lire à l'Académie. D'autres personnes que Richelieu ont connaissance du contenu du discours, Richelieu se sent trahi, pense que Voltaire lui a joué un tour et va lui envoyer une lettre très agressive. Ce dernier, en la recevant, va piétiner le portrait du duc. Ils sont amis depuis trop d'années pour ne pas avoir une explication. Lors d'un repas, ils vont réussir à se réconcilier en découvrant que c'est Emilie qui a offert une copie du discours qui a été ensuite diffusé.

En ce qui concerne sa fortune, Voltaire est loin d'être à plaindre. Il réalise des affaires fructueuses et peut vivre dans l'opulence. Notons, cependant, qu'il ne dispose d'aucun bien immobilier, et qu'il ne s'agit que de capitaux sur papier. En clair, c'est un financier capitaliste avant l'heure.

N'étant pas reconnu par la cour de France, il demande à Louis XV le droit de revendre sa charge de gentilhomme de la chambre du roi. Le roi lui en donne l'autorisation et l'autorise même à en conserver le titre malgré la revente. Cela est déjà un beau cadeau, mais ce sont les premières places que Voltaire désire.

Emilie donne de la peine à Voltaire. Tandis qu'ils logent ensemble rue Traversière Saint-Honoré à Paris, un soir, Emilie ne descend pas à l'heure du dîner. Voltaire patiente et commence seul le repas. Emilie est à l'étage avec un vieux savant nommé Clairaut. Ivre d'impatience, il monte et trouve la porte verrouillée. Il s'emporte de rage, défonce la porte à coups de pied, hurle et menace. Emilie est-elle de nouveau éprise d'un autre homme ? Voltaire ne cesse d'alterner entre colères et réconciliations, tel un comédien. Le lendemain, Emilie reprend la discussion sur la scène de la veille, Voltaire s'emporte et bouscule Emilie qui va faire tomber sa belle tasse en porcelaine. Il se fera pardonner en rachetant un service complet à un prix exorbitant. Ils vont ainsi se réconcilier et passer à autre chose. Quelle étrange relation ! D'ailleurs, il refuse de la quitter pour rejoindre Frédéric, qui multiplie les demandes, avant qu'elle n'ait donné naissance à son enfant.

En juin 1749, Voltaire fait jouer sa nouvelle pièce *Nanine*, elle sera mal reçue, Voltaire interpelle des spectateurs qui rigolent :

— *« Arrêtez, barbares, arrêtez ! »*

Les « vagabonds » que sont Emilie et Voltaire prennent à nouveau leurs valises et s'en retournent à la cour du roi Stanislas, à Commercy. Voltaire se plaint de n'être point assez bien traité. Cependant, un événement dramatique arrive. En septembre 1749, Emilie donne naissance à une petite fille. Il n'y a aucun problème lors de l'accouchement, en revanche, quelques jours plus tard, Emilie est prise de douleurs après avoir bu un verre d'eau glacé sous une chaleur torride et meurt quelques jours plus tard.

Voltaire est abattu, et accuse Saint-Lambert d'être le responsable, car il lui a fait un enfant. Il découvre, de plus, qu'Emilie a changé le portrait qui était caché dans sa bague, et remplacé le sien par celui de Saint-Lambert.

Voltaire s'en retourne en compagnie de monsieur du Châtelet à Cirey : *« Je n'ai point perdu une maîtresse, j'ai perdu la moitié de moi-même, une âme pour qui la mienne était faite, une amie de vingt ans que j'avais vu naître. Le père le plus tendre n'aime pas autrement sa fille unique. J'aime à en retrouver partout l'idée ; j'aime à parler à son mari, à son fils. Enfin les douleurs ne se ressemblent point et voilà comment la mienne est faite.* »

Il ne restera pas longtemps à Cirey, et retourne rue Traversière. Le chagrin le rend malade. Pour se guérir, il va lire la correspondance entre Emilie et Saint-Lambert. Comme il y est parfois moqué, il va se nourrir de la haine ressentie et se remettre sur pied. Le théâtre sera également un élément clef de sa guérison, car il fera plusieurs représentations d'une nouvelle pièce *Rome Sauvée*. On conte qu'il interpella un spectateur qui n'applaudissait pas. Ce spectateur aurait été Jean-Jacques Rousseau. Jean-Jacques Rousseau écrira, plus tard, à Voltaire pour se disculper et assurer qu'il n'était pas présent dans la salle.

À Noël 1749, nous allons rencontrer un autre personnage qui marquera la vie de Voltaire jusqu'à la fin. Madame Denis, sa nièce, s'installe chez lui. Elle est veuve et n'a jamais cessé d'entretenir une correspondance avec son oncle. On rapporte qu'elle était laide et qu'elle s'empiffrait sans cesse.

Autre preuve de la grande générosité de Voltaire, il prête spontanément, sans qu'on le lui ait demandé, la somme de dix mille livres à un acteur talentueux dénommé Le Kain. Avec ce dernier, il fera jouer ses pièces de théâtre dans sa demeure. Il a aménagé une scène dans son grenier, et les plus grands noms de France seront les spectateurs. Malgré son âge, Voltaire rêve de devenir acteur dans ses pièces de théâtre.

À cette même période, Voltaire se fait un nouvel ennemi : Fréron. Celui-ci mérite qu'on le nomme, car il fera beaucoup de mal à Voltaire. Notons, de plus, qu'il était de l'entourage de Desfontaines. Fréron va attaquer Voltaire dans ses écrits et celui-ci sollicite ses connaissances pour faire emprisonner Fréron. Ce dernier va plus loin et se place comme correspondant et informateur du roi Frédéric. Pour Voltaire c'est une insulte ! Mais nous connaissons également Frédéric et pouvons légitimement penser qu'il se moque royalement de Fréron et n'agit ainsi que pour s'attacher Voltaire.

D'ailleurs, Frédéric se fait de plus en plus insistant. Il faudra qu'il se mette à rédiger, avec un poète, des vers contre Voltaire pour que ce dernier, piqué d'orgueil, se décide à préparer son départ. Il demande à ce que sa nièce l'accompagne, bien que Frédéric ne soit pas enchanté. Voltaire n'est pas au mieux dans le cœur du roi de France et lorsqu'il lui demande l'autorisation de quitter le royaume, le roi la lui donne et lui tourne le dos. Il va même perdre sa charge d'historiographe. Son idée de départ est critiquée, même par ses adversaires : *« Il est plaisant que les gens de Lettres qui auraient voulu m'exterminer il y a un an, crient actuellement contre mon éloignement et l'appellent désertion. Il semble qu'on soit fâché d'avoir perdu sa victime. »*

En juin 1750, Voltaire quitte la France pour s'attacher à la cour du roi Frédéric de Prusse.

CHAPITRE VIII

Voltaire et Frédéric

En juillet 1750, Voltaire arrive à Potsdam où il est « bichonné » par Frédéric qui le nomme « Chambellan », « chevalier de l'Ordre du Mérite », et il lui accorde une pension de vingt mille livres. Il le traite d'égal à égal ce qui rassasie son appétit d'honneurs. Ce François Arouet, que nous avons connu au début du récit, est reçu comme un roi en voyage à la cour de Prusse. Il en a fait du chemin !

Madame Denis est restée à Paris, et n'est pas du voyage. Voltaire se remet à la poésie. La cour de Prusse n'est pas celle de Paris, Voltaire y est en grâce, et fait même exclure un dénommé Baculard qu'il a pris en grippe.

La cour de Prusse est un délice pour Voltaire, qui, outre les honneurs et le prestige, se permet même de faire le difficile. Il se plaint au sujet des bougies, du vin, du café et d'autres broutilles et précise : *« Ma santé est à peu près comme à Paris et quand j'ai la colique, j'envoie promener tous les rois de l'univers. »*

« Ma fonction est de ne rien faire. Je jouis de mon loisir. Je donne une heure ou deux par jour au roi de Prusse pour arrondir un peu ses ouvrages de prose ou de vers ; je suis son grammairien et non son chambellan. Le reste du jour est à moi et la journée finit par un souper agréable. »

Ce n'est pas la Prusse qui va changer les « mauvaises habitudes » de Voltaire. S'il y eut des scandales en France, il y en aura en Prusse. Il s'associe avec un dénommé Hirsch ou Hirschell, dans une affaire de spéculation illégale où il s'agit d'acheter des titres d'emprunt au cours le plus bas et de les faire rembourser au prix fort en Prusse. En clair, d'escroquer Frédéric. Voltaire va avancer les liquidités nécessaires, mais prévenu de la réputation très douteuse de son associé, il va faire bloquer une lettre de change afin qu'Hirsch n'en touche pas le montant.

Il s'en suit une catastrophe monumentale. Hirsch fait chanter Voltaire en lui demandant un dédommagement pour le déplacement et le temps perdu. Voltaire s'y refuse et argue de la protection du roi. Hirsch va vérifier l'ampleur de cette prétendue protection et se mettre à aboyer. Voltaire nie les faits, prétend avoir confié l'argent pour acheter des fourrures, mais change ensuite de version en disant que c'était pour un achat de diamants. Hirsch refuse de rembourser Voltaire, qui s'emporte et lance un procès durant lequel il ressort que Voltaire était bien de mèche pour une spéculation illégale. Lors de la confrontation avec Hirsch, Voltaire entre en rage et veut étrangler son « ancien associé ». Frédéric veut faire renvoyer Voltaire, mais on lui demande d'attendre l'issue du procès qui doit être le 4 janvier 1751.

Voltaire tente d'apaiser la situation. Il va gagner son procès, mais ne sera pas remboursé pour autant.

« Et moi, à mon âge, j'ai eu un tort presque incroyable. Je ne me suis jamais corrigé de la maudite idée d'aller toujours trop avant dans toutes les affaires… j'ai eu la rage de vouloir prouver que j'avais raison contre un homme avec lequel il n'est pas permis d'avoir raison. Comptez donc que je suis au désespoir et que je n'ai jamais senti une douleur si amère. Je me suis privé, de gaîté de cœur, du seul objet pour lequel je suis venu… j'ai déplu au seul homme à qui je voulais plaire. »

La réponse de Frédéric sera très dure, il remet Voltaire à sa place et termine sa lettre ainsi :

« Pour moi, j'ai conservé la paix dans ma maison jusqu'à votre arrivée et je vous avertis que si vous avez la passion d'intrigues et de cabales, vous êtes mal adressé. J'aime les gens doux et paisibles qui ne mettent point dans leur conduite les passions violentes de la tragédie ; en cas que vous puissiez vous résoudre à vivre en philosophe, je serai bien aise de vous voir ; mais si vous vous abandonnez à toutes les fougues de vos passions et que vous en vouliez à tout le monde vous ne me ferez aucun plaisir de venir ici […] »

Voltaire plie, l'affaire se clôture définitivement en février 1751, et il est autorisé à reparaître à la cour de Prusse.

Il n'en a pas pour autant terminé avec les histoires. Un dénommé Lessing, que Voltaire avait choisi pour interprète, va réussir à « voler » une partie du manuscrit qu'il vient de terminer *Le Siècle de Louis XIV*. Voltaire va tempêter à travers toute l'Europe et rechercher quelle est l'identité du voleur. Le pauvre Lessing n'avait fait qu'emprunter la partie du manuscrit, et l'a renvoyée à Voltaire sitôt l'affaire ébruitée. Voltaire lui laissera une lettre très agressive, et compte un ennemi supplémentaire.

Tout cela a fait trop de bruit et Voltaire va faire une retraite chez le marquis d'Argens. Pendant tout ce temps, Voltaire s'est rendu extrêmement malade et il ingurgite des quantités impressionnantes de divers traitements. Il n'est pas dupe pour autant de l'avancée de la médecine de son temps : *« La médecine consiste à introduire des drogues que l'on ne connaît pas dans des corps que l'on connaît encore moins. »*

L'état physique de Voltaire se dégrade de plus en plus. Il commence à perdre ses dents. Il mange peu, suit un régime précis, mais se laisse tenter par quelques péchés mignons. Il peut boire jusqu'à vingt tasses de café par jour. Il ne dort, en moyenne, que cinq ou six heures, mais peut rester au lit jusqu'à seize heures par jour, ce qui ne l'empêche nullement de travailler. Il est également extrêmement frileux et s'habille chaudement même en plein été et ne cesse de répéter qu'il est atteint par une maladie mortelle.

Sa situation avec Frédéric va s'adoucir quelque peu. C'est une bien étrange amitié où Voltaire et Frédéric se jouent l'un de l'autre. Voltaire s'est d'ailleurs fait rapporter cette phrase qui émanerait de Frédéric :

« J'aurai besoin de lui encore un an tout au plus : on presse l'orange et on jette l'écorce. »

Il fait imprimer, en Allemagne, son *Siècle de Louis XIV* et réussit à faire intervenir Frédéric, excédé de ses demandes, pour empêcher l'impression de certaines copies falsifiées. En 1752 paraît donc la première édition du *Siècle de Louis XIV*.

Son succès attire un nouvel ennemi à Voltaire, Monsieur de La Beaumelle. Après avoir flatté Voltaire quelques années auparavant, il va prétendre avoir accès à des archives inconnues et que, par extension, le *Siècle de Louis XIV* comporte des erreurs. Il ajoute également que ce livre n'est que *« pauvretés et fautes d'esprit »*. Il s'est d'ailleurs permis une attaque contre Voltaire dans l'un de ses propres ouvrages. Entre temps, Beaumelle reçoit une plainte d'un mari pour adultère, on l'enferme puis il est libéré grâce à ses propres appuis. On cherche cependant à convaincre Beaumelle que c'est Voltaire qui a œuvré à sa libération.

Une scène de réconciliation a lieu, immédiatement suivie par la vérité sur l'affaire. Voltaire a, en fait, agi dans le sens de l'emprisonnement ou du moins n'a rien fait pour le libérer. La haine de La Beaumelle redouble, car il est, de plus, obligé de quitter la Prusse. Voltaire le poursuit de ses foudres, fait publier ses récentes mauvaises actions et tente ensuite de proposer la paix à condition que Beaumelle cesse de réfuter le *Siècle de Louis XIV*.

Voltaire se trompe lourdement. Beaumelle est piqué au vif et va faire rééditer des œuvres de Voltaire avec des ajouts supplémentaires de sa main. On peut imaginer les crises de rages et de maladies que va en concevoir Voltaire.

Il va se faire un ultime ennemi qu'il connaît pourtant bien, Maupertuis, que Voltaire supporte difficilement. A-t-il fallu qu'il s'arme de « patience » avant que ne tombe l'ultime réplique qui va officialiser la brouille ? Cette réplique se serait déroulée à l'issue d'un repas dans lequel Maupertuis a brillé, effaçant quelque peu Voltaire. Le hasard n'aidant rien, Voltaire et Maupertuis se seraient retrouvés dans le même carrosse pour le retour. Maupertuis lance à Voltaire :

— *« Il faut avouer qu'aujourd'hui la soirée a été charmante. »*

Voltaire ne souffrira pas cette attaque et réplique :

— *« Je n'en ai jamais vu de si sotte. »*

Ou est-ce au sujet du professeur Kœnig ? Puisque Maupertuis s'est juré de perdre ce dernier en usant des privilèges qu'il a, Voltaire se serait élevé contre l'injustice et érigé en défenseur de Kœnig. Maupertuis ne voit, évidemment, pas la chose d'un bon œil et il va faire courir des bruits de cour sur Voltaire, notamment que ce dernier se permettrait de plaisanter les écrits du roi Frédéric et aurait dit en présence de témoins : *« Ne se lassera-t-il donc point de m'envoyer son linge sale à laver ? »*

Maupertuis et Voltaire vont se tirer mutuellement des flèches, tout en se complimentant à la cour. Hypocrisie absolue à laquelle Frédéric va, lui-même, se prêter. De façon anonyme, il va écrire un texte en réponse à l'attaque de Voltaire à l'encontre de Maupertuis. Le texte est d'une qualité médiocre en comparaison de celui de Voltaire qui, ne sachant pas que Frédéric en est l'auteur, va formuler critique sur critique. Frédéric fait imprimer le texte, sans le signer, mais frappé à ses armes. Lorsque Voltaire le reçoit, il balance entre la rage et la peur, ce qui ne l'empêche pas de continuer à écrire contre Maupertuis, jusqu'à sortir *La diatribe du docteur Akakia, médecin du pape.* Ce texte est une parodie dont Maupertuis est le sujet principal. La flèche atteint sa cible en plein cœur, et Frédéric, lui-même, trouvera l'œuvre excellente, mais demande cependant à Voltaire de détruire le manuscrit. Voltaire va accéder à la requête et Frédéric en profite pour lui faire signer l'engagement de ne jamais écrire contre Maupertuis et lui-même. Voltaire signe. Il n'en est pas à son premier essai. C'est un enchanteur qui charme pour endormir !

Pour preuve, *La Diatribe* va sortir à la barbe de Frédéric. Voltaire désire depuis un moment quitter la Prusse et il a tout intérêt à faire rapidement ce dernier coup : « *Comme je n'ai point dans ce monde-ci cent cinquante mille moustaches à mon service, je ne prétends point faire la guerre. Je ne songe qu'à déserter honnêtement* […] »

Malgré les excuses relatives à sa santé, Voltaire n'a pas été autorisé à quitter la cour de Prusse. C'est une pension dorée. Le 24 décembre 1752, il reçoit son cadeau de Noël qui n'est autre que la condamnation de *La Diatribe.*

En réponse, Voltaire renvoie le 1er janvier 1753 ses insignes de Chambellan. Frédéric les refuse et les fait renvoyer à Voltaire qui tente de se rapprocher de l'ambassadeur de France, afin d'obtenir la protection de Sa Majesté le roi de France. Voltaire tombe malade, par choix ou de maladie réelle, et reste alité. Frédéric tente toutes les manœuvres pour le retenir. Voltaire ne pense plus qu'à partir, mais souhaite partir de façon honorable, tant pour lui que pour Frédéric.

Frédéric va finalement céder : *« Il n'était pas nécessaire que vous prissiez le prétexte du besoin que vous dites avoir des eaux de Plombières pour me demander congé. Vous pouvez quitter mon service quand vous voudrez, mais avant de partir, faites-moi remettre le contrat de votre engagement, la croix et la clef et le volume de poésies que je vous ai confiés. »*

Après une dernière rencontre qui s'est, semble-t-il, bien déroulée et quelques dernières tentatives de Frédéric, Voltaire annonce officiellement son départ.

Voltaire prend la route. Frédéric et Maupertuis s'en inquiètent car, en Prusse, Voltaire était sous contrôle, mais désormais il est libre comme l'air et peut écrire sans être censuré. Ils s'inquiètent avec raison, car en voyage Voltaire écrit un ajout à *La Diatribe*, Maupertuis est en rage et sollicite Frédéric qui est également furieux, car Voltaire n'a rendu ni les insignes demandés ni le livre de poésie du roi. Le roi de Prusse n'est pas dupe, et écrit notamment à Voltaire : *« Votre dessein était d'aller à Leipzig faire imprimer de nouvelles injures contre le genre humain. »*

Voltaire séjourne quelque peu à la cour de la princesse Dorothée de Saxe-Meiningen, qui le charge d'écrire *Les annales de l'Empire*. En mars 1753, il est sur la route de Strasbourg et prévoit de faire une halte à Francfort. Avant d'y arriver, il s'arrête à Cassel, pour y apprendre que Pollnitz, homme de main de Frédéric, y séjourne également. Il est donc probablement suivi.

En avril/mai 1753, Voltaire entre à Francfort. Une drôle d'aventure va s'y dérouler. Frédéric donne ordre d'y faire arrêter Voltaire, bien que Francfort soit une ville de l'Empire. Freytag, son agent à Francfort, a pour consigne d'arrêter Voltaire, et de récupérer les insignes de chambellan ainsi que le livre de poésie et autres manuscrits.

Freytag retrouve la trace de Voltaire le 31 mai 1753. Ce dernier loge dans une auberge nommée *Au Lion d'Or*, en compagnie de son secrétaire Collini. Freytag va s'y rendre accompagné d'un homme de main. Lorsqu'il apprend à Voltaire la raison de sa venue, ce dernier s'écroule inconscient. Freytag fait fouiller ses papiers, Voltaire s'évanouit à nouveau. Il n'a pas les livres du roi de Prusse avec lui, il a fait envoyer une partie de ses bagages en avance à Hambourg. Freytag signale à Voltaire qu'il sera libéré sitôt le livre de poésie entre ses mains. Voltaire s'évanouit une troisième fois.

Freytag tente de soulager la « captivité » en faisant venir un médecin, tant l'état de santé de Voltaire paraît catastrophique, et fait également venir du vin de sa propre cave. Voltaire fait expédier un avoir à Hambourg pour qu'on lui envoie le livre désiré.

Sa détention se fait connaître au sein de la ville et il reçoit des visites. Un libraire, dénommé Van Duren, vient par curiosité. Cependant, ce libraire n'est pas inconnu pour Voltaire ! Il fait partie de ceux qui l'ont arnaqué auparavant et en guise de bonjour, le libraire reçoit deux soufflets de la main de Voltaire. Il faudra toute l'adresse de Collini pour calmer l'affaire. Hormis cela, Voltaire va nouer des amitiés dans la ville. Les habitants souhaitent même faire intervenir le Conseil de Ville en sa faveur, car l'arrestation n'est pas légale.

Voltaire y va de ses plus belles menaces envers Freytag : *« Comment votre roi veut m'arrêter ici dans une ville impériale ? Pourquoi ne l'a-t-il pas fait dans ses États ? Vous êtes un homme sans miséricorde, vous me donnez la mort et vous tous serez sûrement dans la disgrâce du roi. »*

Voltaire écrit à l'empereur afin de lui faire part de cette injustice sur ses terres : *« C'est dans ce cruel état qu'un malade mourant se jette aux pieds de Votre Sacrée Majesté pour la conjurer de daigner ordonner avec la bonté et le secret qu'une telle situation me force d'implorer qu'on ne fasse rien contre les lois à mon égard dans sa ville impériale de Francfort* […] »

Il va même jusqu'à proposer de se mettre au service de Sa Majesté Impériale. Il se garde de solliciter lui-même l'aide de la France, sachant qu'il n'y est pas le bienvenu.

En revanche, Madame Denis travaille pour lui, du moins essaie. Face à l'échec de ses démarches, elle part rejoindre Voltaire à Francfort.

Elle va l'aider à faire les démarches nécessaires pour Frédéric, avec notamment sa renonciation aux titres et droits en Prusse, ainsi que la promesse de rendre les affaires demandées. Le ministre, monsieur d'Argenson, est sollicité.

En juin 1753, le colis tant attendu arrive d'Hambourg. L'affaire devrait donc se clôturer immédiatement. Mais Freytag refuse d'ouvrir le colis sans les nouvelles instructions de Frédéric. Voltaire est en rage. Il a tenu sa parole et on le garde encore prisonnier ! Il reprend ses vieilles habitudes, il claque les portes, hurle et fait des crises de nerfs. Il va même tenter de s'évader. Peine perdue, il est rattrapé sur la route, car il aurait perdu un carnet et aurait fait demi-tour pour le chercher.

Voltaire joue la comédie, et prétend que Freytag a accepté un paiement pour les laisser fuir ce qui est très probablement faux. Les trois compères que sont Voltaire, Collini et Madame Denis sont « logés » dans une auberge nommée *À l'Enseigne de la Corne de Bouc*.

Nous allons maintenant assister à une scène peu digne. Dans la grande salle de la maison des Schmidt, on vole l'argent de Voltaire et on se le distribue devant lui. On lui refuse même de garder sa tabatière et son tabac. Voltaire va profiter d'un moment d'égarement pour prendre la fuite par une porte entrouverte. Il est rattrapé en quelques secondes, il argue :

— « *Ne puis-je donc pourvoir aux besoins de la nature ?* »

Il va ensuite jouer son théâtre habituel, se forcer à vomir et jouer les mourants. Il confirme qu'il s'agit d'une pièce de théâtre en disant à Collini, dans la langue de ce dernier, *Fingo, fingo !* ce qui signifie « *Je fais semblant !* ».

Rien n'y fera ! Ils sont incarcérés et gardés par des sentinelles. Voltaire laissera un écrit, peut-être exagéré, de cette captivité, prétendant que Madame Denis a failli se faire violer. Lorsqu'on connaît Voltaire, on craint les exagérations.

Frédéric va enfin apporter une réponse, et demander la libération de Voltaire contre une promesse écrite qu'il ne garde aucune copie des écrits du roi de Prusse. Freytag va pousser l'injustice en apportant une note de frais à Voltaire. Il doit payer sa prison, la somme correspondant à tout ce que Voltaire possédait sur lui. Freytag fait traîner la libération, mais se rend compte qu'il a fait du zèle dans cette affaire.

Lorsque le notaire Dorn se présente pour régler l'histoire de l'argent, Voltaire s'oppose et veut récupérer l'intégralité de la somme. Pris d'un moment d'humeur et face à l'injustice masquée de légalité par un notaire, il sort un pistolet et le braque sur Dorn. Il faudra toute l'ardeur de Collini pour le désarmer. Dorn va déposer plainte et demander une réparation financière.

En juillet 1753, Frédéric réitère ses ordres de libération, qui seront exécutés avec bien des difficultés.

CHAPITRE IX

Aux « Délices »

Après quelques haltes notamment à Mayence, Worms, Mannheim et Strasbourg, précisons que partout il se fait autant d'amis que d'ennemis, il pense à s'installer, las de sa vie de vagabond doré.

Mais nous n'en sommes pas encore là et, pour l'heure, l'impression de son manuscrit, *Abrégé de l'Histoire Universelle,* contre sa volonté lui cause quelque ennui. Il tente plusieurs démarches par l'entremise de sa nièce, Madame Denis, pour faire interdire l'impression de cette œuvre incomplète, mais comme il n'est en grâce ni à Versailles ni à Paris (il est d'ailleurs interdit de séjour dans cette dernière ville), Madame Denis n'obtiendra rien, et ne saura que dépenser l'argent de son oncle.

Voltaire va faire ses Pâques de l'an 1754 à Colmar. Il s'agit très certainement d'une autre de ses comédies afin de pouvoir retrouver Paris. Durant l'été 1754, il réalise même une retraite chez les Bénédictins de

Senones où il se sert de la bibliothèque des moines pour écrire des articles irréligieux qu'il utilisera plus tard. La correspondance, bien que froide, continue avec Frédéric. Voltaire s'y prête, car il souhaite un coup de pouce pour rentrer à Paris.

Si Richelieu a boudé Voltaire lorsqu'il était attaché à la cour de Prusse, désormais les deux amis se retrouvent. Voltaire le rejoint à Lyon, à nouveau mourant !

En novembre 1754, les retrouvailles sont émouvantes, Voltaire écrit : *« C'est une plaisanterie un peu trop forte pour un malade de faire cent lieues pour venir causer à Lyon avec M. le Maréchal de Richelieu. Il n'a jamais fait faire tant de chemin à ses maîtresses quoiqu'il les ait menées fort loin. »*

Il va vite souhaiter quitter Lyon après s'être fait « congédier » de la table du cardinal de Tencin, pour le motif qu'il est mal auprès de la cour. Précisons qu'il est reçu avec les honneurs à l'Académie de Lyon et au théâtre.

La sœur de Frédéric, qui adore Voltaire, réussira à le réconcilier avec le cardinal. En réalité, le cardinal en voulait à Voltaire, car, dans son *Siècle de Louis XIV*, il a malencontreusement qualifié de « petit » un concile présidé par le cardinal en question. Voltaire écrit immédiatement à l'imprimeur pour remplacer le qualificatif par son opposé. L'affaire est terminée, Voltaire est en grâce à Lyon.

Comme nous l'avons souligné en début de chapitre, Voltaire ne souhaite plus vivre comme un « vagabond ». Sur recommandation, il part à Genève pour y trouver la propriété de ses rêves. Il va la découvrir à Morion, mais doit obtenir une dérogation, car un catholique n'a pas le droit d'acheter de propriétés dans la République de Genève. Il appelle son nouveau logis, *Les Délices*, et se lance dans d'énormes travaux : *« Ces Délices sont à présent mon tourment. Nous sommes occupés Mme Denis et moi à faire bâtir des loges pour nos amis et nos poules. Nous faisons faire des carottes et des brouettes, nous plantons des orangers et des oignons… nous manquons de tout… Il faut fonder Carthage. »*

S'il est, pour l'heure, bien accueilli, il doit se méfier, car la cité est calviniste, et nous savons que Voltaire n'hésite pas à « déraper » sur le domaine religieux. À Genève, nous pouvons relever l'avis du médecin Tronchin sur la santé de Voltaire : *« Une bile toujours irritante sur des nerfs toujours irrités est la cause constante de tous ses maux. »* Nous y retrouvons également un dénommé Guyot que nous avons connu dans les jeunes années de François Arouet, lors de l'épisode avec Pimpette. Guyot souhaite se faire pardonner de Voltaire et lui propose mille et une gentillesses, la réponse sera cinglante : *« La dédicace de vos ouvrages que vous m'offrez n'ajouterait rien à leur mérite. Je ne dédie les miens qu'à mes amis. Aussi, Monsieur, si vous le jugez bon, nous en resterons là. »*

Soulignons que les événements de la vie de Voltaire se ressemblent ! Ainsi un nouveau manuscrit a été volé et réédité sans le consentement de l'auteur. Il s'agit de *La Pucelle*. Pour se sortir de ce fléau, et endiguer le phénomène, il fait lui-même réimprimer plusieurs faux exemplaires comportant des fautes grossières coupant ainsi court aux soupçons contre lui, car, bien que victime, on pense qu'il s'enrichissait sur ce trafic.

Il est, de fait, loin d'en être à l'origine, au contraire. Pour preuve, il invita un libraire dénommé « Grasset » qui détenait une page d'un des premiers faux exemplaires et le prend à parti, ce dernier rétorque et se met à étrangler Voltaire.

Les ouvriers de Voltaire le défendent, mais il n'en restera pas là. Il va déposer plainte, et Grasset sera arrêté et banni de la ville. Les scandales ne s'arrêtent jamais avec lui, car si l'affaire a fait du bruit à Genève, elle en fait également à Paris. Il se rattrape avec ses pièces de théâtre, notamment *L'Orphelin de Chine* qui rencontre un franc succès.

Revenons maintenant à Jean-Jacques Rousseau. Nous avons vu que les débuts entre ceux qui vont devenir antagonistes furent cordiaux. La « guerre » ne commence qu'à la suite du poème de Voltaire sur le désastre de Lisbonne en 1755. Rousseau va s'attaquer à l'écrit et à l'auteur. Étonnamment, Voltaire ne va pas réagir immédiatement, et Rousseau, rassuré, le félicite : *« Un homme qui a pu prendre ma lettre comme il le fait mérite le titre de philosophe et l'on ne peut être plus porté que je ne le suis à joindre à l'admiration que j'eus toujours pour ses écrits, l'estime et l'amitié pour sa personne. »* Nous y reviendrons bientôt.

Plusieurs têtes couronnées tentent de faire venir Voltaire, comme Frédéric et l'impératrice Marie-Thérèse, mais il refuse : « *J'aime mieux gronder mes jardiniers que faire ma cour aux rois.* »

Il se moque d'ailleurs, en privé, de Frédéric et compare son aigle en cage au blason du roi de Prusse et appelle son singe « Luc », surnom qu'il donnait à Frédéric ! Aux « Délices », Voltaire accepte de recevoir, de bonne grâce, sans rien demander en retour. Mais il y a tout de même un cadre à respecter, il ne s'agit pas d'un lieu de débauche. Ainsi, lorsque Collini montre trop d'empressement visible envers une invitée, cette dernière est priée de rentrer chez elle. Pourtant, nous arrivons à un point que les détracteurs de Voltaire ne cessent de brandir. Ce point est pourtant bien avéré et nous ne le contredirons pas. Voltaire entretient une relation intime avec sa nièce, Madame Denis. Il faut se plonger dans la correspondance de Voltaire et de sa nièce pour convenir du fait. Collini, qui écrira sur le sujet, attirera la colère de Madame Denis, et Voltaire le renverra, mais sans colère. Collini témoignera même sur Voltaire : « [...] *rien n'est moins fondé que le reproche d'avarice que l'on fait à ce grand homme* [...] » « *Je n'ai jamais connu d'homme que ses domestiques pussent voler aussi facilement. Est-ce là d'un avare ? Je le répète, il n'était avare que de son temps.* »

Voilà de quoi rompre avec une idée généralement trop acquise d'un Voltaire pingre.

Nous pouvons également citer Olivier Patru : « *Figurez-vous, avec l'air d'un mourant, tout le feu de la première jeunesse et le brillant de ses aimables récits ! Si je juge des défauts, des vices mêmes qu'on impute à M. de V., par l'avarice dont je l'ai entendu taxer, que ses calomniateurs me paraissent des animaux bien vils et bien ridicules!»*

En août 1756, d'Alembert vient rendre visite à Voltaire, porteur d'un énorme projet, la rédaction de *L'Encyclopédie*. Voltaire participera à la rédaction de cette œuvre monumentale, mais pas autant que d'Alembert ou Diderot.

Il va également être recontacté au sujet de Madame de Pompadour. Cette dernière craint de perdre les faveurs royales et s'est lancée dans les exercices religieux. Le duc de La Vallière demande à Voltaire de mettre en vers *Les Psaumes de David*, afin de rendre l'exercice plus agréable à Madame de Pompadour. Il semble que s'il réussit, on promet à Voltaire le chapeau de cardinal. Voltaire cardinal! Cela restera une fiction, car il refuse tout net.

Voltaire n'est pas si rancunier qu'il n'y paraît, du moins tout dépend avec qui. Lorsqu'en 1757, Frédéric de Prusse essuie des revers sur le front, il commence par rigoler. Deux issues se dégagent pour lui, si Frédéric gagne : *« Je serai justifié de mon ancien goût pour lui. S'il est battu, je serai vengé. »*

Il sort même de sa littérature pour imaginer sur le papier un char de combat destiné à vaincre l'armée prussienne. Le projet ne verra pas le jour, mais méritait d'être rapporté. Richelieu est au front et combat l'armée de Prusse, Voltaire écrit cette lettre à son ami : *« Si vous passiez par Francfort, Mme Denis vous supplierait très instamment de lui faire envoyer les quatre oreilles de deux coquins l'un nommé Freytag, résident sans gages du roi de Prusse à Francfort qui n'a jamais eu d'autres gages que ce qu'il m'a volé, l'autre Schmidt, un fripon de marchand, conseiller du roi de Prusse, tous deux ont eu l'impudence d'arrêter la veuve d'un officier du roi, munie d'un passeport du roi. Ces deux scélérats lui firent mettre des baïonnettes dans le ventre et fouillèrent dans ses poches. Quatre oreilles, en vérité, ce n'est pas trop pour leurs mérites.* »

En revanche, lorsque la défaite devient trop prononcée pour Frédéric, Voltaire se prend de pitié. Frédéric ne peut s'en sortir qu'en concluant la paix avec la France et l'Autriche. Voltaire souhaite participer à cette négociation. S'il y a encore de l'amitié dans les motifs de sa démarche, il y a aussi de l'ambition, et Voltaire a toujours rêvé de jouer un rôle en politique.

Il va tout mettre en œuvre dans cette action, cependant Versailles le boude et voit d'un mauvais œil ses rapports avec Frédéric. Ces derniers sont tortueux, mais ils sont toujours là et ne disparaissent pas. D'ailleurs, la correspondance est surveillée, Voltaire se rend compte qu'un jour de l'année 1759, un paquet de vers à corriger a été ouvert. Les vers sont de Frédéric et sont outrageux pour Louis XV et Madame de Pompadour. Voltaire tremble et fait remettre le paquet au ministère, il espère ainsi être en dehors des soupçons.

Il obtient finalement, du ministre Choiseul, l'autorisation d'écrire à Frédéric dans l'objectif de négocier la paix. Cela n'aboutira pas, les ennemis de Voltaire et de la paix font imprimer à Paris, *Les Œuvres du Philosophe de Sans-Souci*, le coup est rude. Les échanges avec Frédéric se grisent à nouveau : « *Je ne songe moi-même qu'à mourir et mon heure approche. Ne la troublez pas par des reproches injustes... Vous m'avez fait assez de mal ; vous m'avez brouillé pour jamais avec le roi de France, vous m'avez fait perdre mon emploi et mes pensions, vous m'avez maltraité à Francfort, moi et une femme innocente, une femme considérée qui a été traînée dans la boue et mise en prison. Et ensuite, en m'honorant de vos lettres vous corrompez la douceur de cette consolation par des reproches amers. Est-il possible que ce soit vous qui me traitiez ainsi quand je ne suis occupé depuis trois ans qu'à tâcher, quoiqu'inutilement, à vous servir sans aucune vue que celle de suivre ma façon de penser.* »

CHAPITRE X

Le comte de Voltaire

Des tensions avec Genève vont se faire sentir. Voltaire a un besoin que nous allons voir s'intensifier, celui de la justice. Il ne sait pas rester à sa place, et va prendre la défense d'un jeune genevois. Ses parents ont été exilés de France lors de la révocation de l'édit de Nantes, mais, lui est retourné en France pour embrasser la religion catholique. Les calvinistes de Genève souhaitent se venger sur les parents restés en ville et Voltaire va avoir affaire à trois pasteurs. Dans cette même période reparaît Grasset qui souhaite prendre sa revanche contre Voltaire. Cette fois, ce dernier ne parvient pas à le faire exclure. Les Genevois sont lassés des affaires de Voltaire. Il le sent bien et pense à déménager.

En novembre 1758, il achète le domaine de Ferney ainsi que la seigneurie proche de Tournay. Tournay lui confère le titre de comte ainsi que les droits seigneuriaux qui y sont attachés. À Ferney, il n'y a point de titre, mais des restes de droits seigneuriaux. Il se vante à Thiériot : *« Vous vous trompez mon ancien ami j'ai quatre pattes au lieu de deux : un pied à Lausanne dans une très belle maison pour l'hiver ; un pied aux Délices près de Genève où la bonne compagnie vient me voir ; voilà pour les pieds de devant. Ceux de derrière sont à Ferney et dans le Comté de Tournay que j'ai acheté par bail emphytéotique au Président de Brosses. »*

Voltaire est devenu un seigneur, comment va-t-il se comporter ? Il commence, sur ses terres de Ferney, par faire valoir son autorité sur le curé de Moens qui, semble-t-il, persécute les gens. Voltaire se comporte en seigneur et prend leur défense, mais après un long procès, le curé obtient gain de cause et les paysans sont condamnés à rembourser une dîme impayée de plusieurs années. Voltaire va faire des pieds et des mains pour que ses paysans ne soient pas contraints de payer. Face à l'échec de toutes les démarches, Voltaire paie de ses deniers personnels l'amende des paysans. Le curé va néanmoins s'attirer les foudres du seigneur Voltaire. Lorsqu'une affaire de mœurs légères va opposer le curé à quelques paysans, qui seront assommés par ses hommes de main, et qu'il célèbrera la messe le lendemain sans impunité, Voltaire entre en rage. Le père d'une des victimes refuse de porter plainte par peur, Voltaire insiste. Il obtiendra le versement d'une amende à l'une des victimes, ainsi que la restitution totale de la dîme que Voltaire avait versée pour soulager les paysans.

Il va également écrire au Ministre des Finances pour que les impôts soient diminués.

Il va, en 1759, sortir une de ses œuvres les plus célèbres, *Candide*. L'on se plait à dire que *Candide* est Voltaire, tant cette œuvre le représente totalement. Il poursuit avec une tragédie « *Tancrède* ». Il attire une société nombreuse à Ferney et il y fait jouer des pièces de théâtre.

Les succès personnels de Voltaire sont bien présents, mais en cette année, il apprend que *L'Encyclopédie* est condamnée à être brûlée par le Parlement. D'autres œuvres sont concernées, dont le poème de Voltaire, *La Religion naturelle*. Voltaire va commencer à se brouiller avec ses anciens maîtres, les Jésuites. Jusque là, il ne s'en était pas encore pris à eux, mais puisque ses œuvres sont attaquées, il va entrer dans l'arène. Nous savons qu'il ne porte pas l'Église catholique et romaine dans son cœur et les années ne l'assagissent pas.

D'ailleurs, un nouvel ennemi se manifeste, il s'agit de Le Franc de Pompignan. C'est une ancienne connaissance de Voltaire, et leurs rapports avaient été presque cordiaux. Le Franc va entamer le duel en s'opposant à *L'Encyclopédie*. Son discours d'entrée à l'Académie est une attaque directe contre l'impiété, la littérature trop libre et contre ce qu'il dit être des mauvais sujets au sein même de l'Académie.

« *Il ne fallait pas outrager un vieillard retiré du monde, surtout dans l'opinion où il était que ma retraite était forcée ; c'était en ce cas insulter au malheur et cela est bien lâche. Je ne sais comment l'Académie a souffert qu'une harangue de réception fût une satire.* » La guerre est donc déclarée. Voltaire va faire circuler clandestinement dans

Paris un texte « *LES QUAND, notes utiles sur un discours prononcé à l'Académie le 10 mars 1760* ».

Il fait tout pour ne pas reconnaître que le texte est de sa main : « *Je ne sais pas pourquoi on me fourre dans toutes ces querelles moi laboureur, moi berger, moi rat retiré du monde dans un fromage suisse. Je me contente de ricaner sans me mêler de rien…* » Le bruit circule même qu'il est mort. À vrai dire, il ne cesse de se faire passer pour un mourant ! Les flèches vont voler de part et d'autre. Aux tentatives de faire exclure Voltaire de l'Académie, ce dernier répond par des « bassesses ». Comme toujours, il se met au même niveau que ses ennemis alors qu'il pourrait les toiser de haut. Les ambitions de Le Franc vont se trouver mises à mal, et l'on peut penser que Voltaire n'y est pas étranger. C'est une de ses caractéristiques, s'il prend quelqu'un en grippe, il mord, il griffe et ne lâche sa proie qu'avec une extrême difficulté. Nous ne relèverons pas les noms de tous ceux qui se sont repentis (ou non) d'un « duel » avec Voltaire, la liste en serait trop fastidieuse. Osons citer tout de même Fréron qui sera « corrigé » en 1760 par une pièce de Voltaire nommée *L'Écossaise*.

Mis à part ces mauvaises habitudes, Voltaire, signe aussi des francs succès, comme sa tragédie *Tancrède* écrite en quelques semaines. Une lettre anonyme empêchera que l'œuvre soit dédicacée à Madame de Pompadour, mais n'enlève rien à sa réussite auprès du public.

Il va accueillir, par charité, car elle vit dans le besoin, une descendante d'un très célèbre auteur : « *Nous ferons venir un maître qui sera très honoré d'enseigner quelque chose à la petite-fille du Grand Corneille, mais je le serai beaucoup plus que lui de la voir habiter chez moi.* »

C'est en décembre 1760 qu'elle arrive chez Voltaire. Il s'agit d'un acte de pure générosité, mais ses détracteurs vont évidemment dénaturer le fait en disant que Voltaire ne fait cela que pour la gloire et un coup de publicité. Pourtant, Voltaire ne néglige rien sur l'éducation de la jeune fille, pas même les devoirs religieux, en témoignent ces lignes : « *Le premier soin doit être de lui faire parler sa langue avec simplicité et noblesse. Nous la faisons écrire tous les jours elle m'envoie un petit billet et je le corrige, elle me rend compte de ses lectures… Nous ne lui laissons passer ni mauvais terme, ni prononciation vicieuse : l'usage amène tout. Nous n'oublions pas les ouvrages de la main, il y a des heures pour la lecture, des heures pour la tapisserie au petit point. Je vous rends un compte exact de tout. Je ne dois point omettre que je la conduis moi-même à la messe de la paroisse. Nous devons donner l'exemple et nous le donnons.* »

Le domaine de Ferney est reconstruit entièrement par Voltaire, mais il ne travaille pas pour son seul confort personnel : « *Je joins à l'agrément d'avoir un château d'une jolie structure et à celui d'avoir planté des jardins singuliers, le plaisir solide d'être utile au pays que j'ai choisi pour ma retraite. J'ai obtenu du conseil le dessèchement des marais qui infectaient la province et y portaient la stérilité. J'ai fait défricher des bruyères immenses, en un mot, j'ai mis en pratique la théorie de mon Épître.* »

Voltaire ne cesse de se porter le défenseur des paysans sur ses terres. Cette fois, ce ne sera pas le curé de Moens qu'il va affronter, mais les Jésuites. Ces derniers veulent s'attribuer, près de Fernay, les terres d'une famille noble ruinée. À force de démarches, ils vont réussir, mais c'est sans compter sur Voltaire. Il va tellement hurler au scandale que les Jésuites abandonnent le projet. Il écrit : « *Je vous répète qu'il ne faut pas plus craindre ces renards que les loups de Jansénistes et qu'il faut hardiment chasser ces bêtes puantes. Ils ont beau hurler que nous ne sommes pas chrétiens, je leur prouverai bientôt que nous sommes meilleurs chrétiens qu'eux.* »

Nous entrons là dans l'un des arcanes de la pensée de Voltaire. Il se dit meilleur chrétien que les Jésuites ou les Jansénistes. Nous ne porterons aucun jugement religieux, mais nous allons tenter de comprendre, du point de vue de Voltaire, comment il peut expliquer ce propos : « […] *je sers Dieu, car j'ai en horreur les Jésuites et les Jansénistes : car j'aime ma patrie, car je viens à la messe tous les dimanches, car j'établis des écoles, car je bâtis des églises, car je vais établir un hôpital, car il n'y aura plus de pauvres chez moi en dépit des commis des gabelles. Oui, je sers Dieu, je crois en Dieu et je veux qu'on le sache.* »

En 1761, il fait d'ailleurs ses Pâques. Il est difficile de se glisser dans sa pensée réelle, mais osons une première hypothèse. Souvenons-nous du premier chapitre et de cette phrase prononcée à François Arouet : « *Malheureux enfant ! Tu seras un jour l'étendard du déisme en France !* »

Le curé de Moens ne cesse de traquer Voltaire. Lorsque ce dernier fait démolir l'église en ruine pour en construire une autre, il aurait dit aux ouvriers présents en parlant de la croix :

— *« Otez-moi cette potence ! »*

La chose serait venue au curé de Moens qui souhaite utiliser cela contre Voltaire. Les ouvriers ne se porteront pas témoins. Voltaire nie le propos et explique qu'il s'agissait d'un terme simplement technique et non blasphématoire.

Des juges de l'Église se rendent à Ferney pour enquêter. Le seigneur des lieux bannit-il Dieu de ses terres ? Voltaire se moque complètement de l'enquête. D'ailleurs, par l'intermédiaire du ministre Choiseul, il a déjà écrit au pape. La lettre sera perdue et n'atteindra jamais son destinataire. Il faudra toute l'influence de son ami Tronchin pour étouffer l'affaire. C'est une chance que Voltaire ait des amis hauts placés. Il ne sera nullement calmé par cette affaire, car il notera en parlant de sa nouvelle église : *« Cette église que j'ai fait bâtir est l'unique église de l'Univers qui soit dédiée à Dieu seul. Toutes les autres sont dédiées à des saints. Pour moi, j'aime mieux bâtir une église au Maître qu'aux valets. »*

L'opposition avec Jean-Jacques Rousseau s'intensifie. Pour l'heure Voltaire ne s'intéresse pas encore à lui, mais c'est Rousseau qui lui écrit pour lui faire part de sa haine. Voltaire répondra par de petites attaques littéraires sans importance.

Il atteint soixante-sept ans et se permet d'émettre quelques critiques sur les œuvres de Corneille qu'il souhaite réimprimer pour la dot de sa jeune protégée.

Toujours en 1761, il accepte d'être membre de l'Académie de Bourgogne, davantage pour se faire des relations que pour le prestige du titre.

CHAPITRE XI

Voltaire et la justice

Nous arrivons à un épisode bien connu de la vie de Voltaire : « *L'affaire Calas* ». Nous n'affirmerons rien sur cette obscure histoire, et nous nous contenterons de l'évoquer dans les grandes lignes afin de souligner les actions de Voltaire. Les Calas sont des huguenots, qui habitent Toulouse. En octobre 1761, le couple Calas a trois garçons et deux filles, les aînés résident avec leurs parents, le troisième s'est converti au catholicisme et ne fréquente plus la demeure familiale.

Tandis qu'un jeune homme nommé « *La Vaysse* » est invité à dîner chez eux, un drame va se produire. Après le repas, l'aîné se lève prendre l'air sous prétexte d'avoir trop chaud. Après un moment, Calas et Pierre, le second fils, se lèvent avec une bougie pour accompagner La Vaysse vers la sortie. La mère, restée seule, entend des cris provenant de l'entrée, et envoie la servante voir ce qu'il se passe. Elle ne revient pas. Elle se déplace, elle-même, mais se fait barrer le passage par La Vaysse qui la supplie de faire demi-tour. Elle va pourtant revenir et va découvrir son aîné, Marc-Antoine, mort sur le sol. Le médecin pose le diagnostic que la mort est survenue par étranglement ou pendaison. Calas et Pierre témoignent avoir trouvé le corps de Marc-Antoine pendu à une traverse de bois. Le père Calas aurait dit à Pierre :

— *« Ne va pas répandre le bruit que ton frère s'est tué lui-même, sauve l'honneur de ta misérable famille. »*

Les éléments vont se brouiller à ce moment. Pour avoir proféré un mensonge sur un acte très mal jugé à l'époque, les Calas vont voir l'affaire se retourner contre eux. La mère avait tellement hurlé en voyant le cadavre de son fils, que des passants et la police furent ameutés sur les lieux. Un bruit se répand : *« Marc-Antoine a été tué par ses parents huguenots pour s'être fait catholique. »*

Toutes les personnes présentes dans la maison ce soir là sont incarcérées. Il semble qu'aucune enquête réglementaire ne fut réalisée. L'un des magistrats municipaux nommés *« Beaudrige »* a-t-il fait du zèle ? D'où provient ce bruit d'assassinat par la famille ? Y a-t-il des éléments allant de ce sens ?

Au contraire, il semblerait que Marc-Antoine, étudiant en droit, était fidèle au protestantisme, car il aurait même refusé de se confesser, ce qui est un acte de catholicisme, et qui était une des conditions pour obtenir un *« certificat de catholicité »* afin de pouvoir commencer une carrière d'avocat. D'autres échecs personnels, dans cette période, peuvent accréditer la thèse du suicide.

Pourtant, l'affaire prend une autre tournure. Sans preuve concrète de catholicisme, Marc-Antoine sera enterré par l'Église. Les accusés sont cinq : le père Calas, son épouse, Pierre, La Vaysse et la servante.

Les magistrats municipaux vont s'octroyer le droit d'user de la torture sur Calas, sa femme et Pierre. Calas va subir, après jugement par le Parlement de Toulouse, le supplice de la roue en place publique. Il finira étranglé et brûlé en clamant son innocence.

Voltaire ne va pas intervenir immédiatement. Il apprend l'affaire telle qu'elle est présentée et ne cherche pas plus loin. Cependant, lorsque le détail lui parviendra, il va en perdre le sommeil, mener l'enquête lui-même et faire le travail des juges. Il n'est pas encore convaincu de l'innocence, pour preuve, et s'interroge sur ce qu'il faut *« penser de l'aventure affreuse de ce Calas roué à Toulouse pour avoir pendu son fils. C'est qu'on prétend ici qu'il est très innocent et qu'il en a pris Dieu à témoin. Cette aventure me tient à cœur, elle m'attriste dans mes plaisirs, elle les corrompt. Il faut regarder le Parlement de Toulouse ou les Protestants avec horreur. »*

Il va rencontrer les enfants de Calas qui sont en exil à Genève. Il confronte et rencontre des témoins, et n'a pas peur de se mettre tous les Parlements et juges de France à dos, car la solidarité parlementaire est fort bien connue, et va finir, après une minutieuse enquête, par conclure : *« Il n'y a rien que je n'aie fait pour m'éclaircir de la vérité : j'ai employé plusieurs personnes auprès des Calas pour m'instruire de leurs mœurs et de leur conduite. Je les ai interrogés moi-même très souvent. J'ose être sûr de l'innocence de cette famille comme de mon existence. »*

Maintenant que Voltaire est persuadé, il va partir en croisade pour faire éclater la vérité. Il mobilise l'ensemble de ses contacts, dont Richelieu. Soulignons que dans cette affaire, Voltaire n'a rien à gagner et tout à perdre. Pourquoi donc remuer ciel et terre alors que Madame Calas s'y refuse même si Voltaire lui parle pourtant de réhabilitation ? Il va réussir à la faire changer d'avis et à émouvoir le peuple, car, pour lui, cette affaire, comme toutes les autres, n'est qu'une pièce de théâtre qui ne se joue que pour convaincre le public.

Il met donc sa plume au service de la réhabilitation en publiant, en août 1762, *Histoire d'Elisabeth Canning et de Calas* puis *Lettre des frères Calas* et enfin, en 1763, le *Traité de la Tolérance* qui n'est pas signé.

Tout cela va permettre de toucher les ministres du roi, dont Choiseul, qui vont casser le jugement. Madame Calas sera reçue à Versailles. Voltaire exulte : *« Nous versions des larmes d'attendrissement le petit Calas et moi. Mes vieux yeux en fournissaient autant que les siens. »*

Le Parlement ne se laisse cependant pas faire, et refuse de communiquer les minutes du procès. Sa Majesté, le roi, ordonne. Les magistrats vont plier, mais acceptent de transmettre seulement une copie aux frais de Madame Calas. Voltaire va payer la somme en s'exclamant : *« Quoi ? Dans le dix-huitième siècle, dans le temps que la philosophie et la morale instruisent les hommes, on roue un innocent à la pluralité de huit voix contre cinq et on exige quinze cents livres pour transcrire le griffonnage d'un abominable tribunal ? Et on veut que la veuve paie ? »*

Après bien des épreuves pour la famille, la décision finale tombe le 9 mars 1765 : tous les accusés sont réhabilités. La famille n'ose pas demander réparation, car les Parlements sont pleins de ruses, en revanche le Roi Louis XV va dédommager lui-même la famille.

Voltaire a gagné. Sans rien demander, il a agi selon sa conscience, et cette affaire est certainement l'une de ses plus belles victoires.

Durant l'affaire Calas, Voltaire a eu la joie de marier sa protégée, mademoiselle Corneille, après avoir repoussé un premier prétendant qui n'était là que par intérêt et sans amour.

C'est également dans ces périodes qu'il s'aigrit de plus en plus contre l'Église. Son *Extrait des sentiments de Jean Meslier* est condamné par le Parlement en 1762, puis par Rome en 1765. Notons qu'il ne frappe pas aussi fort que d'autres philosophes, et se contente de tirer quelques flèches, mais sans viser le cœur et cela par choix personnel. Voltaire n'est pas ancré complètement dans le mouvement philosophique le plus radical. Par exemple, il n'est pas égalitaire comme Jean-Jacques Rousseau, et distingue les gens cultivés de ceux qu'ils appellent « le sot peuple ». Nous sommes encore au dix-huitième siècle, et il emploie des mots de son temps avec réalisme sans faire de sentiment. Sur ses terres, il préfère apporter la nourriture et le confort à ses gens que l'instruction. Disons que son réalisme lui fait voir les priorités du moment, et lui fait accepter la lenteur d'un progrès plutôt que les dangers d'une Révolution immédiate.

Lorsque le frère du fameux Pompignan, évêque de son état, se permet de critiquer Voltaire et de louer Rousseau, Voltaire répond par un écrit *Lettre d'un quaker à J-G de Pompignan, évêque du Puy*. En revanche, il va trembler lorsqu'un des autres frères de Pompignan va menacer de venir lui couper les oreilles ce qui ne l'empêchera point d'écrire *Saül*, une nouvelle attaque contre les Écritures.

Lorsque les Jésuites seront bannis de France, il ne va pas se réjouir autant que ses amis philosophes. Clairvoyant, il sait ce que l'on perd, mais pas ce que l'on gagne : *« Je ne sais si c'est un grand bien ; ceux qui prendront la place se croiront obligés d'affecter plus d'austérité et plus de pédantisme. Rien ne fut plus atrabilaire et plus féroce que les huguenots parce qu'ils voulaient combattre la morale relâchée. »*

D'ailleurs, trois Jésuites viendront frapper à sa porte, et Voltaire leur demandera avec ironie s'ils viennent postuler pour le titre de laquais. Il les reconduira ensuite après leur avoir porté secours.

Il va cependant accueillir, en 1764, le père Adam, Jésuite, qui sera en quelque sorte pour lui un « amusement ». Le père Adam joue très bien aux échecs, dont Voltaire est passionné. Très mauvais perdant, Voltaire, quand il commence à perdre, s'énerve. Le père Adam qui le bat souvent s'en repentira. Il lui arrivera plusieurs fois de recevoir des pièces du jeu comme projectiles.

Ferney est un haut lieu de la société européenne. Un nombre incroyable de visiteurs y défile ce qui va devenir gênant pour l'emploi du temps de Voltaire qui se montre de moins en moins, il utilise le prétexte de ses maladies. Lorsque certains insistent trop pour le voir, il fait répondre :

— *« Dites-leur que je suis à la mort ! »*

En revanche, lorsqu'il est en discussion, et cela avec n'importe qui, il a l'art et la manière de faire briller l'échange, même si le sujet est banal. Plusieurs témoignages de visiteurs abondent dans ce sens. Nous pouvons relever des anecdotes pittoresques, comme le fait qu'il ne supporte pas qu'on lui attribue une bonne santé. Il se veut éternellement mourant, éternel phénix dont une bonne visite, une colère ou un mot peuvent ressusciter instantanément. Boswel témoigne que, lors de sa visite à Ferney, Voltaire se serait confessé devant lui de son déisme et de sa croyance en « l'Être suprême ». Le père Adam aurait même confié à Boswel : *« Je prie Dieu chaque jour pour M. de Voltaire. Peut-être Dieu sera-t-il content de toucher son cœur et de lui montrer la vraie religion. C'est dommage qu'il ne soit pas chrétien. Il a tant de vertu et une si belle âme. Il est généreux, charitable, mais tout à fait contre la religion chrétienne. Quand il est sérieux j'essaie de lui dire un mot, mais quand il est d'humeur à décocher ses traits, je me tiens tranquille. »*

Revenons quelque peu sur Jean-Jacques Rousseau. Ce dernier s'est persuadé que Voltaire est responsable de son exil et de la condamnation de son livre *L'Emile*. Il semble qu'il n'y soit pour rien, mais Voltaire va prendre ombrage de cette accusation. Il avait pourtant proposé l'asile à Rousseau, proposition jugée « hypocrite » par certains, alors qu'il n'en était rien. Pour réponse, Rousseau dénonce aux autorités de Genève le *Saül* de Voltaire : *« Voilà qui vous recevez, qui vous honorez parmi vous. Et moi, votre fils, moi qui sers ma patrie, vous me fermez vos portes. »*

Cette fois, la guerre est bien déclarée officiellement ! Voltaire va user de ses procédés habituels, et fait imprimer un recueil d'articles *Dictionnaire Philosophique portatif*, et informe les autorités qu'un manifeste circule qu'on lui attribue. Il enchaîne avec *Le Sentiment des Citoyens*, réponse aux *Lettres de la Montagne* de Rousseau : *« Nous avouons avec douleur et en rougissant que c'est un homme qui porte encore les marques funestes de ses débauches et qui déguisé en saltimbanque traîne avec lui de village en village et de montagne en montagne la malheureuse dont il fit mourir la mère et dont il a exposé les enfants à la porte d'un hôpital en rejetant les soins qu'une personne charitable voulait avoir d'eux et en abjurant tous les sentiments de la nature comme il dépouille ceux de l'homme et de la religion. »*

Les haines de l'un et de l'autre ne cesseront de s'exciter mutuellement ! Sur un tout autre plan, s'il ne correspond plus avec Frédéric (du moins plus comme avant), Voltaire échange des lettres avec la tsarine, Catherine II de Russie. Il s'était attelé à la rédaction d'une *Histoire de Pierre le Grand*, dont la tsarine avait été satisfaite.

Voltaire n'est pas très regardant sur sa nouvelle amie, et accepte de devenir « l'agent de presse » de cette dernière à travers l'Europe. Voltaire met sa plume au service de Catherine II, et va tenter de masquer, au mieux, les parts d'ombre de son accession au trône : *« Je suis son chevalier envers et contre tous. Je sais bien qu'on lui reproche quelques bagatelles au sujet de son mari, mais ce sont des affaires de famille dont je ne me mêle pas… et son vilain mari n'aurait fait aucune des grandes choses que ma Catherine fait chaque jour. »*

Malgré ce dévouement, il ne réussira pas non plus à imposer son projet de chars de guerres qui fut refusé par Versailles.

Cela ne l'empêche nullement de se mêler d'une autre affaire de justice, l'affaire *« Sirven »*. Les Sirven sont une famille huguenote de la région de Mazamet et ont trois filles, l'aînée est mariée, l'une des cadettes, Elizabeth, passe pour simple d'esprit. Elle a pour compagnie une dame qui est la sœur de l'évêque. Elizabeth va, un jour, disparaître. Le père sera convoqué par l'évêque qui lui annonce qu'Elizabeth est venue demander asile dans le but d'une conversion au catholicisme et qu'elle a été, à ce titre, placée dans un couvent. Le père en est vivement chagriné, d'autant qu'il doute de la sincérité de la conversion d'Elizabeth. En effet, cette dernière, étant perçue comme simple d'esprit, a très bien pu être enlevée ou manipulée.

Elle devient très vite folle et doit être rendue à sa famille, mais son état s'aggrave, si bien qu'elle doit être attachée. Le père accuse par conséquent le couvent d'avoir rendu sa fille complètement folle. Mais en retour, le couvent dépose plainte contre le père pour maltraitance, car sa fille souhaite se convertir. Elle va à nouveau disparaître, et le curé du lieu aurait dit :

— *« Là où est la pauvre fille, elle est mieux qu'avec ses parents. »*

On soupçonne un nouvel enlèvement et un nouveau placement dans un cloître, mais le corps est retrouvé quelque temps après dans un puits. Le suicide semble être la piste la plus probable. On va cependant accuser le père d'avoir tué sa fille, mais comme il n'était pas présent le soir de la fuite, on va donc accuser la mère, mais c'est elle qui a donné l'alerte lorsque Elizabeth a pris la fuite. Reste sa sœur qui est enceinte. Le procès va durer quelques années, car les éléments manquent. Face à la crainte du verdict, la famille va fuir d'elle-même. À juste raison, car le père et la mère sont condamnés à la pendaison et les filles à regarder le supplice. Comme ils sont absents, la sentence est exécutée en effigie.

Sirven rencontre Voltaire, qui résume l'affaire ainsi : *« Figurez-vous quatre moutons que les bouchers accusent d'avoir mangé un agneau* [...] »

Voltaire accepte de prendre part à la bataille, tout comme il l'a fait pour l'affaire Calas et va tenter un appel au Parlement de Toulouse, car l'affaire a été jugée par un juge subalterne. La propension de Voltaire à défendre les causes perdues concourt à sa notoriété. Il sauve ainsi ou tente d'intervenir pour d'autres cas. Végobre, avocat de Voltaire, dit de lui : *« Il eût vidé le bagne de tous les protestants qui s'y trouvaient, mais cela ne l'empêchait pas de faire les plus cruelles plaisanteries sur Calvin et ses ministres.* »

Ce qui va également lui porter préjudice! En 1766, à Abbeville, une affaire de mutilation d'un crucifix va faire grand bruit. On retrouve, chez l'un des suspects, un exemplaire du *Dictionnaire Philosophique* de Voltaire. Ainsi, on commence à le mêler à cette affaire, en prétendant qu'il est complice. Il en sera finalement quitte pour une bonne frayeur. La peur de l'arrestation et d'une éventuelle sentence le fait cependant rêver d'un lieu préservé, loin des contraintes étatiques et régi entièrement par les lois de la Raison, en clair une colonie de philosophes. Ce ne sera qu'un songe.

CHAPITRE XII

Le rideau tombe

Voltaire est le maître des songes, mais cela ne l'empêche nullement de vivre dans le concret. Dans sa demeure de Ferney, il surveille lui-même les plantations et a même un champ qui lui est réservé et qu'il laboure lui-même malgré son grand âge. Il lance également « l'industrie » sur ses terres afin d'améliorer la qualité de vie de ses paysans. Citons, par exemple, une manufacture de soie, une de dentelle et une horlogerie dans laquelle il excelle. Sa clientèle n'est autre que les plus puissants d'Europe.

L'âge et la maladie, de plus en plus présente, n'assagissent pas Voltaire qui continue de se mêler de tout. Ainsi, lorsque la ville de Genève va connaître des troubles entre le Conseil, les Bourgeois-Citoyens et les natifs, il va finir par prendre position pour ces derniers qui sont venus le solliciter. Les natifs représentent la classe laborieuse, fils ou descendants d'étrangers venus se réfugier à Genève : *« Mes amis, vous faites la partie la plus nombreuse d'un peuple libre et industrieux et vous vivez dans l'esclavage. Vous ne demandez que de pouvoir jouir de vos avantages naturels, il est juste qu'on vous accorde une demande si modérée. Je vous servirai de tout mon crédit auprès des seigneurs plénipotentiaires et si l'on vous force à quitter une patrie que vous faites prospérer par votre travail, je pourrai encore vous servir et vous protéger ailleurs. »*

Les natifs n'écouteront pas à la lettre leur protecteur qui s'exprime et agit comme un aristocrate. Ils sont, de plus, divisés en plusieurs factions. Voltaire leur dira la prophétie suivante : *« Mes amis vous ne ressemblez pas mal à ces petits poissons-volants qui hors de l'eau sont mangés par les oiseaux de mer ou qui, en replongeant dans l'onde sont dévorés par les grands poissons. Vous êtes entre deux partis également puissants, vous serez victimes des intérêts de l'un ou de l'autre ou peut-être des deux ensembles. »*

L'avenir lui donnera raison. Il souhaitait cependant rester anonyme dans cette défense, mais il sera finalement dénoncé par les natifs et se fera réprimander, mais l'affaire tournera court. En 1768, il va intervenir pour faire éviter à un certain « Covelle » la peine de la « génuflexion », et s'en prend clairement aux pasteurs autant qu'aux prêtres.

Nous avons cependant mis en lumière que Voltaire n'est pas athée, mais simplement ennemi des dogmes et des religions.

Voltaire avance en âge. Il atteint les soixante-quinze ans, se fait protecteur de jeunes, et devient un maître avec des disciples d'ailleurs plus ou moins reconnaissants. Dans ces derniers, relevons La Harpe qui va, avec Madame Denis, voler un poème de Voltaire intitulé *La Guerre de Genève* et le faire diffuser. Voltaire est anéanti, et fait renvoyer La Harpe et Madame Denis ! Rien de plus. Lorsqu'on est ami ou proche de Voltaire, les foudres sont moindres. Il va même tenter de les couvrir face à l'opinion publique, justifiant leur renvoi par un besoin de solitude inhérente à sa maladie.

À Pâques 1768, Voltaire s'octroie le droit de sermonner les fidèles en pleine messe, à propos des vols commis sur ses terres. Lorsque ce fait sera connu de l'évêque et de la cour, ce sera un nouveau scandale. L'évêque répondra par la lettre suivante : *« Puisque vous avez fait vos Pâques de plein gré, je vous crois donc sincère ; un honnête homme même incrédule ne se livrerait pas à cette comédie sans se déshonorer, vous êtes donc chrétien ; je ne saurais vous considérer comme l'ennemi de la religion catholique. Toutefois votre communion a été faite sans repentir, sans les réparations préalables que vos écrits, vos actes passés demandaient, vous ne sauriez donc vous approcher de la sainte table sans donner des gages de votre sincérité et aucun prêtre ne vous y autorisera à la légère. »*

Ainsi, Voltaire est interdit de communion, il prépare le prochain acte pour Pâques 1769 : *« Eh bien ! Puisqu'il en est ainsi je vais me confesser et communier malgré lui. Je ne veux point aller à l'église, mais que tout se passe dans ma chambre et dans mon lit pour sa plus grande satisfaction. Cela pourra être fort plaisant et l'on verra qui de l'évêque ou de moi l'emportera. Allez me chercher ce capucin* [...] *Mettez-moi un écu neuf sur la table de nuit pour que mon compagnon puisse le voir. »*

Voltaire va jouer le mourant, le capucin va accepter la pièce, mais, probablement en proie à une inquiétude, va prétexter ne pas pouvoir donner la communion à Voltaire cette fois-là, et promet de revenir dans trois jours. Voltaire va faire grand bruit de son agonie durant les trois jours. Le chirurgien Dugros aurait trouvé Voltaire en bonne santé, mais face à la fureur de ce dernier, va diagnostiquer une fièvre : *« Par Dieu, je le savais bien, il y a trois jours que je suis à l'agonie. Allez de ce pas le dire au curé, il doit savoir ce qu'il a à faire auprès d'un malade en danger de mort. »*

Le capucin ne revient pas, Voltaire en appelle aux lois du royaume et à la charité, et sollicite le curé de Ferney. Rien ne bouge. Il va jusqu'à envoyer un huissier avec menace de poursuites devant le Parlement. L'évêque plie finalement. Le capucin est envoyé chez Voltaire. Ce dernier va jouer la comédie jusqu'au bout en refusant de signer une déclaration de foi toute prête. Il se lève, joue son spectacle et obtient l'absolution. Voltaire dans tout son art ! Nous pouvons ajouter une anecdote pittoresque. Le père Adam s'enrhumait souvent l'hiver en disant la messe, car les prêtres n'ont pas le droit de porter une perruque tout en célébrant l'office. Voltaire va se charger de demander une dispense du pape pour remédier à ce point. Il va l'obtenir ! Voltaire va également être fait capucin « d'honneur », le voilà maintenant dans les ordres, du moins sur le papier.

Sa demeure étant désormais beaucoup plus vide, il peut travailler et écrire à foison, citons *L'Homme aux quarante écus*, *La Princesse de Babylone*, *Lettres d'Amabaal*, *L'Épître à mon Vaisseaux*, *Histoire du Parlement de Paris*. Il ne signe pas le dernier par peur des représailles.

En ce qui concerne le Parlement, Voltaire s'est opposé maintes fois aux jugements arbitraires rendus, allant même jusqu'à payer les frais sur ses deniers personnels. De même, son sens de l'équité lui fait revendre le blé en dessous du prix d'achat pour prévenir une famine au pays de Gex. Cela n'empêche pas ses ennemis de se déchaîner à outrance. Il va recevoir jusqu'à quatre-vingt-quatorze lettres anonymes à Ferney, et manquera d'en devenir fou.

En octobre 1769, après bien des demandes, Voltaire accepte le retour de Madame Denis. La vie va reprendre comme avant. En 1770, il va, en revanche, perdre un appui des plus précieux. Le ministre Choiseul, qui était son protecteur, perd sa place, Voltaire lui reste dévoué. Louis XV va entreprendre une grande réforme, en 1771, qui n'est autre que l'abolissement des Parlements. Nous retrouvons dans cette réforme le nom de Maupeou, un personnage que Voltaire a commencé de fréquenter deux ans auparavant. Voltaire exulte de joie, nous savons qu'il a été aux prises avec les parlementaires et qu'il hait cette institution. Visionnaire, il a compris le jeu des Parlements. Ces derniers s'érigeaient en défenseurs et en représentants de la nation, alors qu'il s'agissait d'une institution de privilégiés qui ne cessait de s'opposer au roi et qui rêvait secrètement de le mettre sous sa tutelle. D'ailleurs, une étude approfondie du règne de

Louis XVI, peu avant la Révolution française, crédite totalement ce point, car les masques tomberont à ce moment. Voltaire, en avance, et en une seule phrase, résume totalement sa pensée politique : « *J'aime mieux obéir à un seul tyran qu'à trois cents rats de mon espèce.* »

À la lumière de notre récit, nous savons que Voltaire est de bonne foi dans ce combat. Mais Choiseul hurle à la trahison et certains évoquent un côté opportuniste de Voltaire qui le fait changer de camp en fonction de ses propres intérêts. Nous avons démontré le contraire. Il écrira lui-même : « *Je suis fidèle à toutes mes passions. Vous haïssez les philosophes et moi je hais les tyrans bourgeois.* »

Les dernières années de Voltaire sont fidèles à l'ensemble de sa vie. Il atteint soixante-dix-huit ans et oscille entre maladies et renaissances. Ses dernières années s'articulent toujours entre écriture, travail, et démarches pour retrouver Paris, réceptions, amitiés et ennemis, ces derniers sont souvent d'anciens protégés de Voltaire ! Il passe, par ailleurs, énormément de temps au lit, il y lit et y travaille.

En 1774, Louis XV s'éteint, le règne de Louis le seizième commence. Voltaire n'a jamais réellement été dans les grâces de Louis XV. Cela sera-t-il différent ? Le problème étant que Voltaire se fait vieux et a mauvaise réputation dans les milieux dévots. D'ailleurs, lorsqu'en 1776 Voltaire manque de mourir, Louis XVI signe l'ordre de reprendre tous les documents politiques de Voltaire s'il décède.

Concernant les visites notables à Ferney, durant ces années, nous pouvons relever Madame Suard qui voue un culte à Voltaire, Madame de Genlis plus modérée, mais qui reconnaît des qualités à Voltaire *« Il est plus grand là que par ses livres, car on y voit partout une ingénieuse bonté et l'on ne peut se persuader que la même main qui écrivit tant d'impiétés ait fait des choses si nobles, si sages. Il montrait le village à tous les étrangers, mais de bonne grâce : il en parlait simplement, avec bonhomie, il instruisait de tout ce qu'il avait fait et cependant il n'avait pas l'air de s'en vanter et je ne connais personne qui pût en faire autant. »*

Poursuivons la liste avec Vivant Denon, gentilhomme du roi, qui fera réaliser une miniature horrible de Voltaire.

Malgré son âge et sa santé déplorable, il se soucie de ses paysans : *« Oui, nous sommes libres ici. Coupez un petit coin de terre et nous sommes hors de France. J'ai demandé de certains privilèges pour mes enfants d'ici et le roi m'a accordé tout ce que j'ai demandé et a déclaré le Pays de Gex libre de tous les impôts des Fermiers Généraux, de sorte que le sel qui se vendait auparavant 10 sols la livre, ne va actuellement qu'à quatre. Je n'ai point d'autres choses à demander excepté de vivre. »*

Si les paysans l'acclament, il fait des jaloux chez les puissants.

Voltaire a maintenant quatre-vingt-trois ans, il est toujours capable de faire des crises de nerfs pour des sujets annexes. Shakespeare l'insupporte, il ne souffre pas qu'on lui fasse des louanges. Il y a des choses que l'on ne changera jamais. Tout comme la comédie de ses maladies, lorsque la lecture d'un jeune auteur lui déplaît, il fait mine de s'évanouir afin de ne pas l'écouter jusqu'au bout.

Voltaire vieillit, mais il est toujours le jeune François Arouet du début de notre récit. Les temps changent, il ne sait pas s'y adapter. Le Versailles de Louis XVI ne lui ouvrira pas plus les portes que celui de Louis XV. Louis XVI a une très mauvaise image de Voltaire, et la réédition du *Panégyrique de Louis XV* ne changera rien. Joseph II, l'Empereur, passera par Ferney et ne s'y arrêtera point. Voltaire attendait et espérait cette visite, il se morfondra de ce qu'il vit comme un affront.

Voltaire prépare son retour à Paris à travers une pièce *Irène et Agathocle*. Officiellement il en a le droit, car sous Louis XV il n'y a pas eu d'ordre d'exil écrit, mais plutôt une menace à peine voilée.

Il tente l'aventure en février 1778, et va loger à l'hôtel du marquis de Villette. Voltaire retrouve son cher Paris et ses vieux amis qui n'ont jamais cessé de le soutenir, comme d'Argental, mais surtout va recevoir énormément de visites motivées par la curiosité. Les journées sont longues et chargées. Voltaire est en quelque sorte à sa place, car il s'agit de jouer la comédie, de courtiser, de plaire, de discuter. Si certaines autorités s'inquiètent de ce retour qui fait du bruit dans tout Paris, Voltaire se protège au mieux, et fait même intervenir en sa faveur la princesse de Polignac, intime de Marie-Antoinette.

Voltaire recommence à tomber malade, cette fois réellement, car cela l'empêche d'aller au théâtre. Cependant les visites ne cessent pas, est-ce bien sage ?

Le crépuscule de la vie de Voltaire arrive. Afin de clairement démontrer sa croyance profonde, on peut citer la scène suivante. Le docteur Franklin, américain, vient lui rendre visite avec son fils de quinze ans. Il demande à Voltaire de bien vouloir donner sa bénédiction à l'enfant. Voltaire se lève, étend les mains sur la tête de l'enfant et dit :

— *« Dieu et Liberté. »*

Madame Denis et Villette font de Voltaire une attraction qu'on expose. Le docteur Tronchin donne de premières alertes sur sa santé : *« J'aurais désiré de dire de bouche à M. le marquis de Villette que depuis que M. de Voltaire est à Paris il vit sur le capital de ses forces et que tous ses vrais amis ne doivent souhaiter qu'il n'y vive que de sa rente. Au ton dont les choses vont, les forces dans peu seront épuisées et nous serons témoins, si nous ne sommes pas complices, de la mort de M. de Voltaire. »*

À l'écho de ces avis, certains prêtres s'intéressent à l'âme de Voltaire. Cette période est assez trouble. Il semble que Voltaire se soit engagé à se confesser auprès de l'abbé Gautier. Ce dernier lui demande au préalable de signer une rétractation. Certains affirment qu'elle fut faite, mais qu'il refusa de communier et qu'il écrivit ensuite : *« Je meurs en adorant Dieu, en aimant mes amis, en ne haïssant pas mes ennemis et en détestant la superstition. »*

Une intrigue se noue autour de cette affaire. On dit que le supérieur de l'abbé aurait pris ombrage d'avoir était devancé par un subordonné ou que les philosophes s'en sont mêlés. L'abbé ne put revoir Voltaire.

Quoi qu'il en soit, Voltaire va aller un peu mieux, il ne s'agissait pas encore de la communion des mourants. On peut noter également que Voltaire a une grande peur, celle de ne pas avoir droit à un enterrement décent. Profitons-en pour lever le voile sur un mystère qui plane : Voltaire était-il franc-maçon ? Ce qui est certain, c'est qu'en mars 1778 il reçoit la visite d'une délégation de la loge des « Neuf-Sœurs ». Il semblerait qu'il ne s'agisse que d'une visite de « courtoisie », car certaines idées de Voltaire sont proches de la franc-maçonnerie. Cependant, il va se rendre à cette même loge en avril 1778. C'est là qu'il aurait été reçu, donc quelques semaines avant sa mort.

Voltaire va mieux, certes, mais continue à cracher du sang. Il s'attelle tellement aux répétitions de sa pièce *Irène* qu'il manque d'en mourir, mais le phénix ressuscite encore. *Irène* n'est tout d'abord pas un succès, et certains se permettent de retoucher le texte. Voltaire va entrer dans sa dernière rage, peut-être la plus terrible d'après quelques témoins. Quelques bonnes nouvelles viennent cependant adoucir son crépuscule. Il va réussir à se rendre à l'Académie dont il a tant voulu faire partie. Voltaire est acclamé sur le trajet, et l'Académie française sort en cortège pour l'accueillir et l'asseoir au siège de la présidence. Il va ensuite se rendre à la Comédie-Française, toujours sous les applaudissements. Il occupe la loge des « Gentilshommes de la chambre », où une surprise de taille l'attend. Aux cris de : *« La Couronne ! La Couronne ! »*, on place sur sa tête une couronne de laurier ! Ainsi, celui qui se voulait le prince-poète devint, ce soir-là, le roi du théâtre ! Bouleversé par l'émotion, il ne sait que répondre :

— *« Ah ! Mon Dieu, vous voulez donc me faire mourir à force de gloire. »*

Lorsqu'il veut, par gentillesse, placer la couronne sur la tête de Madame de Villette, on le force à la reprendre. La pièce ne sera pas le véritable spectacle, mais Voltaire, comme si chacun pressentait que ce serait la dernière fois, et que lorsque le rideau tomberait à l'issue de la pièce, ce serait également sur l'auteur. Un buste le représentant est installé, entouré de guirlandes, des pétales de fleurs sont jetées.

Le grand final est prêt, Voltaire lève son visage baigné de larmes et on lui récite les vers suivants :

« Aux yeux de Paris enchanté
Reçois en ce jour un hommage
Que confirmera d'âge en âge
La sévère postérité
Non, tu n'as pas besoin d'atteindre au noir rivage
Pour jouir de l'honneur de l'Immortalité
Voltaire, reçois la couronne
Que l'on vient de te présenter
Il est beau de la mériter
Quand c'est la France qui la donne. »

La sortie de Voltaire est digne d'un roi ! Il sort au milieu d'une haie d'honneur. La foule à l'extérieur est en folie, on va jusqu'à embrasser ses chevaux, on veut les détacher et conduire le carrosse. Voltaire prend peur et demande à rentrer avec ses chevaux.

Il n'est cependant pas dupe, car dès le lendemain, il écrira : *« Ah ! Mon ami, vous ne connaissez pas les Français, ils en ont fait autant pour Jean-Jacques... on l'a décrété ensuite de prise de corps et il a été obligé de s'enfuir.* »

Comme toute personne intelligente, il voit la fin de l'histoire et aimerait rentrer à Ferney. Madame Denis, d'Argental et d'autres s'y opposent. Sa santé ne s'améliore pas, même s'il achète un hôtel, rue Richelieu, et qu'il arrive encore à se rendre à pied à l'Académie ainsi qu'à faire des visites, par exemple à la duchesse d'Orléans ou à la comtesse de Ségur, lors de laquelle, Voltaire se trouve assez en forme pour professer son déisme devant une soixantaine de témoins. Il y a peu, il voulait se « mettre en règle » avec l'Église, peu lui importe. *« Je n'ai que quinze ans »*, dit-il ! Mais lorsqu'il reverra Suzanne de Livry, que nous avons rencontrée au début du récit, elle ne le reconnaîtra pas, et lui non plus !

Tant qu'il lui reste un minimum de forces, Voltaire travaille à son dernier projet : terminer *Le Dictionnaire* pour l'Académie. Il s'y attelle avec un sérieux qui inquiète nombre de ses confrères. Il va même jusqu'à distribuer les tâches, s'attribuant la plus lourde. Le projet n'est rien de moins que d'apporter des nouveautés au dictionnaire français.

Il ne pourra jamais le mener à terme. À la moitié du mois de mai 1778, Voltaire montre de gros signes de faiblesses, mais il ne s'agit que d'une crise passagère.

Il souffre de la vessie et des reins, et son ami, le duc de Richelieu, va lui recommander un philtre à base d'opium qu'il utilise lui-même. Certains disent que c'est ce philtre qui l'aurait tué. Ce que l'on peut affirmer, c'est qu'il fut mal soigné, car Madame Denis n'a pas appelé le médecin à cause d'une brouille futile. Quoi qu'il en soit, le « remède » de Richelieu va provoquer l'effet contraire à celui escompté. Voltaire va même jusqu'à croire que son ami l'a empoisonné.

Tronchin, son médecin, sera finalement appelé, mais le mal est fait. L'opium a fait trop de dégâts. Voltaire n'a plus que quelques moments de lucidité. Ainsi, lorsqu'il apprend que l'affaire *« Lally-Tollendal »*[2] s'est terminée avec justice, il écrit : *« Le mourant ressuscite en apprenant cette grande nouvelle, il embrasse bien tendrement M. de Lally, il voit que le roi est le défenseur de la Justice, il mourra content. »*

Résurrection de courte durée, si toutefois le mot est juste, Voltaire ne peut plus recevoir de visites. Les premiers jours, on ne s'inquiète pas, car Voltaire a vécu ce genre de crises toute sa vie. Madame Denis et Villette font parade, mais cela ne peut durer éternellement. Son état réel va être connu et l'abbé Gautier en entend parler. Il écrit à Voltaire en se disant prêt à reprendre la confession et le travail religieux là où ils s'étaient arrêtés. Le neveu de Voltaire, l'abbé Mignot, se propose de conduire l'abbé Gautier au chevet de son oncle.

L'abbé Gautier s'y présentera en compagnie d'un autre prêtre, muni d'une nouvelle rétractation. Lorsqu'il en est

---

2 - Le père du Comte de Lally a été exécuté et pour blanchir sa mémoire, Voltaire a en effet obtenu du Roi que le Conseil d'État casse l'arrêt, mais le Parlement de Rouen confirmera la condamnation.

question, Voltaire se met à débiter des phrases insensées. Gautier propose de revenir lorsque Voltaire sera lucide, mais il ne pourra jamais le revoir, car Voltaire meurt le 30 mai 1778 à onze heures du soir.

Il s'agit de la première version de la mort de Voltaire. Lorsqu'on est né en jouant la comédie, il faut bien mourir de même ou du moins laisser planer le mystère.

Reprenons à l'entretien entre l'abbé et Voltaire. Si, de fait, il y eut des incohérences de Voltaire, certains affirment que la question suivante fut posée :

— *« Reconnaissez-vous la divinité de Jésus-Christ? »*

Voltaire aurait donné l'ultime réplique :

— *« Jésus-Christ? Jésus-Christ? Laissez-moi mourir en paix! »*

Il fit ensuite un mouvement pour repousser l'abbé. Au moment du départ des abbés, Voltaire aurait ajouté :

— *« Je suis mort. »*

D'autres phrases furent rapportées en remplacement de : *« Jésus-Christ? Jésus-Christ? Laissez-moi mourir en paix! »* comme par exemple *« Ne me parlez pas de cet homme-là »*.

Son médecin relève clairement sa folie lors des derniers jours de sa vie : *« Je ne me le rappelle pas sans horreur. »* Voltaire se serait répandu en lamentations de douleurs : *« Monsieur, tirez-moi de là! »*. On rapporte également que sa nièce, Madame Denis, l'aurait laissé mourir d'une façon presque inhumaine, avec le strict minimum de soins et de secours. Voltaire en aurait conçu une fureur jusqu'à la fin.

Il y aura plusieurs « chroniques » de la mort de Voltaire, plus ou moins grotesques ou fantaisistes. Nous ne les relèverons pas, car il est inutile d'alimenter des ragots. Il est logique que certains se soient permis de caricaturer la mort de celui qui, sa vie durant, fut attaqué, critiqué, se fit autant d'amis que d'ennemis et qui, surtout, ne voulut jamais poser sa plume.

Il reste une dernière question à élucider, celle du corps de Voltaire. Allait-il être jeté dans une fosse commune ? Non, l'abbé Mignot va réussir à s'emparer du corps de son oncle et à le faire enterrer en terre chrétienne, au sein de l'abbaye de Sellières, plutôt qu'à Ferney où Voltaire avait préparé son tombeau qui était situé à moitié dans l'église et à moitié en dehors. Il s'en amusait en disant qu'*« il n'était ni dedans ni dehors »*.

C'est peut-être ce qu'il faut retenir de sa croyance profonde.

Le corps ne restera pas longtemps en l'abbaye, et sera vite transféré au Panthéon, Voltaire y repose depuis, mais ses écrits demeurent et continuent de se répandre. Ainsi, le prince-poète, le roi du théâtre, le philosophe de son siècle, le phénix, est toujours vivant à travers ce qu'il a laissé, sa pensée, son travail, ses écrits. Biens et richesses vont et viennent, demeure l'immuable, l'immortel, la plus noble des armes : l'écriture.

Table des matières

Dépôt légal : mai 2025 - N° imprimeur : 052581564-02

Imprimé en France par Présence Graphique - Monts.